JN300871

自尊感情と共有体験の心理学

理論・測定・実践

近藤 卓 著

金子書房

目次

序章　自尊感情の問題と対応 …………………………………… 1

1　ジェームズの呪縛　1
2　根源的な不安　2
3　自尊感情の二つの領域　3
4　自尊感情の四つのパターン　3
5　自尊感情を育むには　5
6　本書の構成とねらい　8

第1章　自尊感情の理論 …………………………………… 11

Ⅰ　自尊感情とはなにか　11
　1　自尊感情研究の新たな地平　11
　2　自尊感情の各種理論と尺度　16
Ⅱ　関連する理論　21
　1　内的プロセスと外界との関係　21
　2　無条件の愛と無条件の禁止　21
　3　基本的信頼　25
　4　賞賛　31
　5　圧力　35
　6　挑戦　37

第2章　自尊感情の測定 …………………………………… 43

Ⅰ　社会的自尊感情と基本的自尊感情の測定　43
　1　はじめに　43
　2　予備調査　45

3　本調査　65
　　　4　まとめ　89
　Ⅱ　子どもの自尊感情の国際比較（1）──ローゼンバーグの尺度による　91
　　　1　はじめに　91
　　　2　対象と方法　91
　　　3　結果　92
　　　4　考察　95
　　　5　結語　98
　Ⅲ　子どもの自尊感情の国際比較（2）──SOBA-SETによる　99
　　　1　はじめに　99
　　　2　調査の対象と方法　99
　　　3　結果　101
　　　4　考察　105
　　　5　まとめ　109

第3章　共有体験　113

　Ⅰ　共有体験とはなにか　113
　　　1　共有と共感の概念　113
　　　2　共有の種類　116
　　　3　他者との交流　117
　Ⅱ　カウンセリングにおける共有体験　121
　　　1　カウンセリングとはなにか　121
　　　2　クライエントは成長する　122
　　　3　態度・行動の変容　123
　　　4　向き合う関係と並ぶ関係　125
　　　5　時間の使い方　126
　Ⅲ　共同注意　128
　　　1　共同注意とは　128
　　　2　共同注意の種類　130
　　　3　共同注意場面と共感　132

Ⅳ 体験から学ぶ——体験的な学習・自然体験　134
　1 体験から学ぶとは　134
　2 体験から学ぶ　136

第4章　基本的自尊感情を育む共有体験 …………………… 141

Ⅰ 自尊感情・自己効力感と共有体験の関係
　　——大学生を対象にした調査から　141
　1 問題の所在　141
　2 対象と方法　142
　3 結果　143
　4 考察　149
　5 まとめ　152
Ⅱ カウンセリング事例にみる共有体験
　　——高等学校における実践事例から　153
　1 はじめに　153
　2 A高等学校におけるカウンセリング活動　154
Ⅲ 基本的自尊感情を育む小学校での実践　168
　1 はじめに　168
　2 学校の概要と教育の方針　168
　3 授業実践の例　169
　4 まとめ　175
Ⅳ 日常生活での共有体験　177
　1 想像力を育む　177
　2 味覚はとても大切なもの，でもそれだけでは　180
　3 テレビでもいのちの大切さを学べます　182
　4 虫を殺してもいいの　185
　5 人は死んだらどうなるの　187
　6 無条件の愛がほしい　189
　7 お母さんが怒った　193
　8 夕日が沈む　195
　9 金魚が死んだ　198

目次

10　宇宙は果てしなく広い　200

参考資料：質問紙　翻訳版・1（英語）　205
　　　　　質問紙　翻訳版・2（日本語）　208

人名索引　211
事項索引　213

序章　自尊感情の問題と対応

1　ジェームズの呪縛

　いまからおよそ120年前の1890年，アメリカの心理学者ウィリアム・ジェームズは『心理学原理』(*The Principles of Psychology*)を著した(James, 1890)。その本は，上下巻それぞれが600ページを超える文字どおりの大著であるが，その上巻の310ページに見逃すことのできない歴史的な1行が——正確には1.5行だが——書かれている。それが次の数式である。

$$\text{Self esteem} = \frac{\text{Success}}{\text{Pretentions}}$$

（自尊感情＝成功／要求）

　この式は，自尊感情は成功を要求で除したものだということを示している。つまり，自尊感情は成功することによって，あるいは成功が大きなものであれば高まるということである。また逆に，大した成功でなくても，要求が小さければ自尊感情は高まるということになる。
　だが，果たして自尊感情は成功しなければ高まらないものなのだろうか。あるいは，要求を下げることによって高まるものなのだろうか。いいかえれば，自尊感情は成功と要求のみに依存している関数なのだろうか。日本における現在の自尊感情についての理解は，じつはこの120年前のジェームズの式から延々と続いた流れの先にあるように思われる。

例えば学校現場で自尊感情の低さが指摘されたときに出される方策は，まさにそれを示している。それは，自尊感情の低い子どもがいたら，その子に「出番を作る」「役割を与える」そして「ほめる」ということである。つまり，成功体験を一つでも多く積ませることを目指している。

果たしてそれでよいのだろうか。本書では，このジェームズの，いわば呪縛から逃れることの必要性と，私たちの進むべき道を示したいと考えている。

2　根源的な不安

筆者自身これまで約30年間にわたって，スクール・カウンセリングの現場に携わってきた。そこで中学生や高校生から語られる問題は，実際のところ多岐にわたっている。恋愛相談，進路相談，家族との不和，先生や授業の問題，体や性や心の問題など，じつにさまざまである。

しかし，カウンセリングが進行して信頼関係ができた後，彼らの口から出てくるのは異口同音に次のような言葉なのである。「生きていてよいのだろうか」，「生まれてきてよかったのだろうか」，「生きるってどういうことなのだろう」，「いのちって何だろう」，「死んだらどうなるのだろう」。

こうした言葉の背景にあるのは，自分自身の存在に確信が持てないという，根源的で実存的な問いかけであり，自分自身の存在に対する不安であるといってよいだろう。こうした心の状態は，自尊感情の大切な一部である，基本的自尊感情の弱さから出てきている，と私は考えている。もし基本的自尊感情がしっかりとしていれば，彼らのような問いかけは出てこない。基本的自尊感情とは，「自分は生きていてよいのだ」「自分の存在には何の不安もない」といった思いだからである。

そうした思いは，他者との比較から出てくるようなものではない。つまり，彼より優れているから生きていてよい，彼女より価値があるから自分には存在する資格がある，などというものではないのである。そうした比較や優劣とは無縁に，理由もなく絶対的，根源的な思いとして自分はこのままでよいのだと思える，そうした感情である。これを本書では，基本的自尊感情と呼びたいと考えている。そしてこの感情は，乳幼児期からの親や親に代わる養育者からの

絶対的な愛と，その後の他者との共有体験の繰り返しによって，形成されるものだと考えている。

3　自尊感情の二つの領域

先述のように自尊感情は，そもそも120年前のジェームズの定義に，その端を発する概念である。そして，そのジェームズの定義そのものも，やはり無視できないものだと考えられる。それは，そうした感情があるからこそ，人は努力し頑張って自分の優位を確認し，成長し向上しようとするからである。ただ，自尊感情はそれがすべてだと考えることに異議を唱えたいとの思いで，本書を書いている。

結論的にいえば，ジェームズのいう成功と要求の関数としての自尊感情を，筆者は社会的自尊感情と名づけ，自尊感情の一部分をなすものと考えて整理することにした。この感情は，他者との比較や優劣で決まってくるもので，勝ったり優れていたりすれば高まる。いわば，条件付きで相対的な感情である。その点で，基本的自尊感情が無条件で絶対的な感情であるのとは根本的に異なっている。

社会的自尊感情は，プラスの評価を受けたり，勝負に勝ったりして優越を確認すると，一気に膨らむ。逆に，勝負に負けたりすると，いっぺんでつぶれてしまうようなものである。例えていえば，熱気球のようなもので，常にガスバーナーで熱風を送り続ける（頑張る，努力する，よい子でいる，ほめられる）ことで大きく膨らんで，大空高く舞い上がる。しかし，ガスが尽きたりして熱風が止まれば（疲れて頑張れなくなったり，しかられたり，失敗したり，負けたりすると），とたんにしぼんでしまう。また，気球そのものに傷がついたりすれば，いくら頑張っても膨らむことはできない。

4　自尊感情の四つのパターン

ここまで述べてきたように，自尊感情には二つの領域がある。そして，それぞれの強弱によって，その論理的な組み合わせは図0.1のように四つのパターンを形成する。

序章　自尊感情の問題と対応

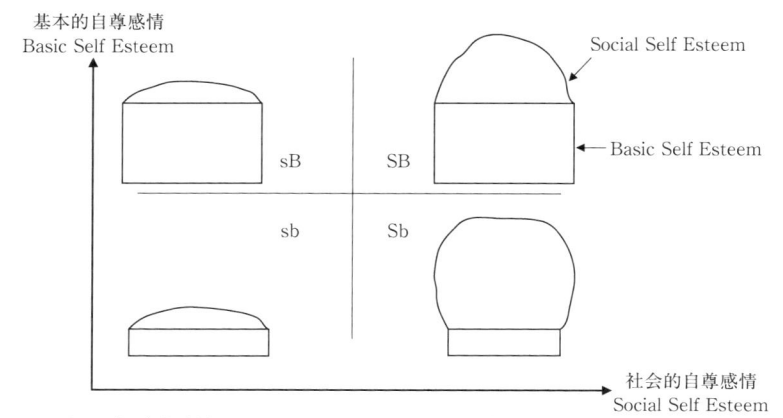

基本的自尊感情
Basic Self Esteem

Social Self Esteem
Basic Self Esteem

sB　SB
sb　Sb

社会的自尊感情
Social Self Esteem

SB タイプ　自尊感情の二つの部分がバランスよく形成されている。
sB タイプ　社会的自尊感情が育っていない：のんびり屋，マイペース。
sb タイプ　自尊感情の二つの部分が両方とも育っていない：孤独，自信がない。
Sb タイプ　社会的自尊感情が肥大化している：頑張り屋のよい子，不安を抱えている。

図 0.1　自尊感情の四つのタイプ

　この図に示したうちで，最も安定した自尊感情の状態は SB タイプである。しっかりと形成された基本的自尊感情と，適度に発達した社会的自尊感情の組み合わせになっている。このパターンの場合，もし社会的自尊感情がなにかのきっかけでつぶれたとしても，基本的自尊感情が十分発達しているので大丈夫である。社会的自尊感情と基本的自尊感情が適度に発達した，バランスのとれた SB タイプはそうした意味で，自尊感情の最も安定した姿といえよう。

　近年学校現場などでは，自尊感情の低い子どもの問題が語られることが多い。そうした場合，「出番を作る」「役割を与える」「ほめる」といった教育的配慮に基づいた対応策がとられる。それが，妥当な場合もあるが，そうでない場合もある。こうした「ほめる」類の対応が妥当な場合とは，図の左下つまり sb タイプの自尊感情を持った子どもである。

　それは，出番を作ったり，役割を与えたり，ほめたりすることで社会的自尊感情を一時的に高めることができるからである。いわば，その子の弱く小さな自尊感情を，速効的に強め大きくすることができる。社会的自尊感情だけでも大きくなれば，全体として一応自尊感情は大きなものになり，とりあえずはそ

の子は救われる。しかし，社会的自尊感情は熱風を送り続けなければならない熱気球のようなものである。手を休めることはできないし，気を抜くこともできない。sbタイプの子どもの場合は，そうして速効的に社会的自尊感情を強め維持しつつ，時間をかけて基本的自尊感情の醸成に心を砕いていく必要がある。

いま，子どもの自尊感情の問題でいちばん注意しなければならないのは，Sbタイプの子どもである。それは，自尊感情全体としては，十分大きなものになっているが，その内実はというと，大部分が社会的自尊感情だからである。一見すると立派に見えるが，じつは不安定で傷つきやすく壊れやすい自尊感情といえよう。頑張り屋で，勉強にも学級活動にも熱心で，先生や同級生からは信頼され，家庭でも手がかからず親も何の心配もしていない。彼らは，頑張ってほめられ続け，休むことなく努力することによって，自らの自尊感情を大きく立派なものとして維持しているのである。

だから，エネルギーが尽きたりしたときに，悲劇が起こる。疲れても休むことができない。失敗することも許されない。そんな緊張の極みのなかで，日々の生活を送っているのである。ところが，まわりの大人たちは，一見立派に見える自尊感情のために，こうした子どもたちのことを気にかけようとしない。そこに大きな落とし穴があるというべきであろう。

sBタイプは，その点安心である。しっかりと育まれた基本的自尊感情の上に，未発達の社会的自尊感情が乗っている。社会的自尊感情を大きく育てるほどの努力や頑張りのみられないのが，問題といえば唯一の問題である。

5　自尊感情を育むには

自尊感情は，これまで述べてきたように二つの領域によって形成されている。そのうち，社会的自尊感情は他者との比較や優劣によって決まるもので，ジェームズによれば成功と要求の関数である。したがって，それを育むには，役割や出番を与えて，そこでの成功体験を積ませることや，少しでもよい結果が出たときには，ほめたり評価したりすることで速効的に高めることができる。

序章　自尊感情の問題と対応

```
            共有体験＝体験の共有＋感情の共有
                        猫
                       ↗ ↖
               命名　　共視　　指さし
                 母 ←――――→ 子
              いとおしい　守られている・一緒にいてくれる
                    ＜深い感情の交流＞
```
図 0.2　原象徴的三角形

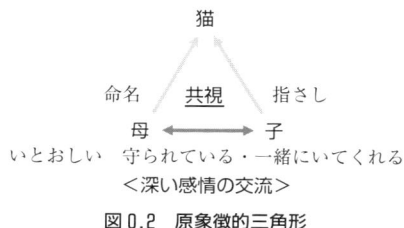

　そこで問題となるのは，基本的自尊感情をいかにして育むかということである。

　図 0.2 は，北山（2005）による原象徴的三角形の成り立ちを示したものである。北山によれば，江戸期の浮世絵 20,000 枚ほどを収集・分析したところ，400 枚に及ぶ母子像がそこに含まれていたという。そして，そこでの母子は共通の対象物をともに見る（共視＝共同注視）という，一定の図柄を構成しているという。

　北山は，ここにおいて母子の間には，「子どもの指さし」とそれへの「母親の命名」という相互の行為をとおして，深い感情の交流が実現されているという，精神分析的な解釈をおこなっている。ここでは，母親と子どもが互いに並ぶ位置関係において，共通の対象を見るということで，一つの三角形が形成されている。これを北山は原象徴的三角形と呼んだのである。

　こうした「並ぶ関係」は日常生活においてもしばしばみられるもので，一般に「向き合う関係」が関係を作る働きを持つのに対して，関係を深める効果を持つといえよう。

　筆者らは，小学校での教育実践として，こうした共同注視を取り入れたプログラムを実験的に取り入れている（図 0.3〜5）。こうした体験を通して，「自分の感じ方が隣にいる信頼できる友だちと同じだ」ということを確認し，「自分の感じ方はこれでよいのだ」，「自分はこれでよいのだ」，そして「自分はここにいてよいのだ」という確認をする。その体験こそが，基本的自尊感情を育む大切な一歩となるのである。

　もちろん，こうした体験は乳幼児期からの日々の生活のなかで，本来は親や

図0.3 手首の上の綿棒
A Cotton bud on their wrist

図0.4 赤ちゃんと教室で
Meet a baby in the classroom

図0.5 二人で鍵盤ハーモニカ
Play one melodica by two

家族などの身近な人々との間で，無数に繰り返してきた体験のはずである。現代の子どもの自尊感情の問題は，そうした幼い日々の共有体験の少なさに，その原因があるのかもしれない。考えてみれば，ジェームズが自尊感情を定義した120年前には，日常の共有体験はあり余るほど身のまわりに存在していたであろう。互いに助け合い，協力しあいながら生活することが必要不可欠で，そうした中で自然な形で基本的自尊感情は育まれていたに違いない。だから，ジェームズは社会的自尊感情のみに目を向けたのかもしれない。しかし，現代社会では120年前とまったく事情が異なっている。そこで，その不足を補う形で，学校教育などにおけるこうした体験が役立つと，筆者らは考えている。また，

序章　自尊感情の問題と対応

カウンセリングでの共有体験も，同様な意味で重要なものだと考えられる。これらについては，第3章以降で詳しくみていくことになる。

6　本書の構成とねらい

　本書は，4章構成となっている。第1章の前半では，自尊感情の理論を歴史的にたどりながら整理している。ウィリアム・ジェームズに始まった自尊感情の理論が，ローゼンバーグ，ハーター，ポープ，クーパースミス，ヘルムライヒらによって，独自の尺度による測定にまで展開されていった足跡をたどった。また後半では，自尊感情の形成にとって大切な，さまざまな関連する理論を整理した。

　第2章自尊感情の測定では，まず前半部分において，本書で定義した基本的自尊感情と社会的自尊感情による測定尺度SOBA-SETの開発について，5段階にわたる予備調査と小学生対象の本調査の結果を詳細に述べている。後半では，ローゼンバーグの尺度を使った4カ国の国際調査と，SOBA-SETを用いた2カ国での国際調査の結果を紹介した。

　第3章では，基本的自尊感情の醸成に必要な共有体験について議論している。まず，共有体験の概念について検討し，それを受けてカウンセリングにおける共有体験を理論的に検討し，また共有体験の代表的な形態としての共同注視について考察している。さらに，以上の議論を踏まえて，学校における体験的な教育プログラムについて，その考え方を議論した。

　第4章では，基本的自尊感情を育む共有体験として，大学生を対象とした調査結果の紹介，高校生を対象としたカウンセリング事例にみる共有体験の実際，基本的自尊感情を育む小学校での実践について紹介した。最終節では，家庭や地域での生活を想定しつつ，具体的なエピソードをもとにしながら，日常生活での共有体験の大切さを述べた。

　本書は，理論的な考察を踏まえながら，尺度を用いた自尊感情の測定方法について述べ，さらには子どもの自尊感情を育む方法についても述べている。そうした意味で，心理学の専門書というよりは，教育学的な色彩の強いものになっているかもしれない。

筆者は学部時代に二つの大学で電子工学と考古学を学んで，高等学校の教育に身を投じた経験を持っている。もとより，生粋の心理学徒というわけではなく，高等学校での教育経験をとおして，一人ひとりの生徒と向き合うことの大切さに気づき，心理学の道に入っていったものである。

　そうした意味で，よくも悪しくも心理学の伝統にしばられることなく，自尊感情の研究にも取り組むことができたと思っている。そのことの利点を挙げれば，自由な発想で自尊感情を考察し研究することができたということがある。一方で，心理学的な精密さにおいて，不十分な部分もあるのではないかと危惧している。

　しかし，現実に子どもの自尊感情の脆弱（ぜいじゃく）さに心を痛め，あるいはまた教育の現場で苦労を重ねている人々の存在を看過（かんか）することはできなかった。それらの人々にとっては，実用的で実際的な考え方と，具体的な対応の方法を得ることが，喫緊の課題とされている。それゆえに，本書の上梓を躊躇（ちゅうちょ）していることはできなかった。そうした人々にとっては，本書が一つの道標になるであろうと考えたからである。

　そしてまた，この本に書かれていることが，ひとり筆者の頭のなかだけから導き出されたものではないことも，本書刊行の理由である。本書は，長年にわたる数多くの小学校，中学校，高等学校の先生方との，厳しくも真摯な議論の集積の上に成り立ったものだからである。それゆえに，浅学非才を顧みずに，その成果を一日も早く世に問うことが，筆者に課せられた使命だと考えたのである。

〈文献〉

James, W. (1890). *The Principles of Psychology*. Dover Publication, Inc.

北山修（編）『共視論――母子像の心理学』講談社，2005

〈イラスト〉岡田真理子

第1章　自尊感情の理論

I　自尊感情とはなにか

1　自尊感情研究の新たな地平

　近年，わが国では学校教育の場のみならず，家庭・地域や一般社会においても，子どもや青少年の自尊感情についての関心が高まっている。それは，諸外国との比較で語られることもある（河地，2003）し，かつて子どもであったおとなたちとの比較で語られることもある。いずれにしても，最近の子どもは自尊感情が低いあるいは弱い，といった言説がそこここで合言葉のように発せられている。

　一方，アメリカでは，研究者ドゥウェック（Dweck, 1999）が，数年前まで盛んだった"セルフ・エスティーム運動"ともいうべき状況が，ここへきて衰退の道をたどり始めていると述べている。多くの教育者が，セルフ・エスティームを高めれば学業成績が向上すると信じてきたが，そうはならなかったということが原因であろうとしている。ただ，達成動機の研究者として，彼女は適切な賞賛が必要であるとの立場であり，セルフ・エスティームを高めることをあきらめないよう教師たちに求めている。

　つまり，この10年ほどわが国では，特に教育界において自尊感情に対する関心が高まってきたが，ちょうどそのころからアメリカでは自尊感情に対して懐疑的な動きが出てきたということになろう。しかし，いずれにしても，心理

学の領域において，自尊感情は常に関心の高い，古くて新しい概念である。

例えばヒューイット（Hewitt, 2005）という心理学者は，「ウイリアム・ジェームズの時代から現代に至るまで，自尊感情は研究と実際の場面で関心の中心的な位置を占めていた」と述べている。わが国の研究者たち（遠藤ら，1992）も，自尊感情について語る際に，ジェームズの紹介からスタートし，ローゼンバーグやクーパースミスらの理論へと議論を展開している。ジェームズは19世紀末から20世紀初頭にかけて活動した，アメリカの心理学者・哲学者であるが，その著書"*The Principles of Psychology*"において自尊感情について述べている。

この本は上下2巻構成の，それぞれ600ページを超す大著であるが，その第10章自己意識（The Consciousness of Self）の中で，自尊感情について触れている。また，自分自身に対する情動として，ポジティブなものとネガティブなものを比較対照して列挙し，前者に自尊感情を含むとしている（表1.1）。

ジェームズはそれぞれの感情について詳細に議論していく中で，自尊感情について触れ，「自尊感情 self-esteem」＝「成功 success」÷「要求 pretensions」という公式を示しているのは興味深い。彼の考えでは，一般的な意味

表1.1 "自己"の情動（emotions of Self）

満足（self-complacency）	不満（self-dissatisfaction）
プライド pride	謙遜 modesty
自負心 conceit	謙虚 humility
うぬぼれ vanity	困惑 confusion
セルフ・エスティーム self-esteem	内気 diffidence
尊大 arrogance	羞恥心 shame
虚栄心 vainglory	屈辱 mortification
	悔恨 contrition
	汚名 obloquy
	絶望 despair

(James, W. (1890). *The Principles of Psychology*. Dover Publications, Inc. 305-306. より筆者が構成)

の自尊感情はありえず，個々人のそのときの望みに応じて，それが成功したときには自尊感情が高まるということになる。他者からみて，いくら成功しているとみえても，それが本人が要求している領域での成功でなければ，なんの意味もないのである。

　このようにみてくると，自尊感情はいわば1世紀以上の間にわたって，心理学における研究の対象となっていたことになる。

　さて，ここであらためて，「自尊」を『広辞苑』（新村，1960）で引いてみると，「自ら尊大にかまえること，うぬぼれること」という意味が第一に挙げられている。つまり，自分で自分のことを大切に思っているという，自分の中で閉じた感情ではなく，他者との関係での構えとしての意味があることになる。

　ただ第二の意味として，「自重して自ら自分の品位を保つこと」とあるのをみると，これは他者との関係で自分を高めたりするというよりは，自分自身の内的な基準に照らして，自分を保とうとする気持ちでもあるということであろう。

　このように「自尊」の日常的な意味として，二つの側面があることは，非常に意味深いものである。本書において，筆者は自尊感情には二つの側面があることを前提としており，そうした意味で日常的な意味での「自尊」という語が二つの側面を持っていることからも，セルフ・エスティームやプライドあるいは自信といった用語に比べて，「自尊感情」がより適切であると考えられるのである。

　自尊感情の二つの側面を，筆者らは基本的自尊感情と社会的自尊感情と表現している（近藤，2007）。基本的自尊感情は，自尊感情の「基礎」をなすもので他者との比較つまり相対的な判断によるものではなく，いわば絶対的な感情として心のうちに存在するものである。一方，社会的自尊感情は他者との比較によって形成される感情で，相対的なものであり自尊感情の「上屋」を形作っているものである。

　実際的な日常の場面においては，これら二つの感情が明確に独立した別個のものとして存在するわけではない。しかし，理念的にこれらの二つの領域があることを理解しておくことは，大切なことである。

それはまず,実践的な面から極めて重要なことである。つまり,自尊感情を全体として高めようとしたり,育もうといった働きかけをしても,効果が薄い。場合によっては,むしろ逆効果になることさえある。二つの自尊感情の領域は,それぞれ成り立ちが違うので,働きかけの仕方もまったく異なるからである。

また,調査や研究の側面からも重要なことである。例えば,ある個人の発達を考えたり,別の個人との比較で理解しようとしたときに,二つの領域を区別しておくことが重要になってくる。自尊感情が全体として向上したように観察されたとしても,それが基本的自尊感情の部分の育ちによるのか,あるいは社会的自尊感情の向上によるのかわからないからである。

さらに,後述するように,こうしたとらえ方をすることによって,関連する他の概念との関係性が明確になるという利点がある。例えば,自己効力感,自己受容感,自己肯定感など類似する近接概念との関係性が議論できるようになる。また,自尊感情に影響を与える外的要因としての,賞賛,圧力,挑戦,愛,基本的信頼などの意味も,より明確になってくる。

いずれにしても,自尊感情を基本的と社会的の二つの側面(領域)に分けて理解しようというのが本書における基本的な考え方である。次項でみるように多くの研究者が自尊感情の理論を展開してきたが,自尊感情を明確に二つの領域で構成されたものとする,こうした考え方は筆者ら独自のもので,これまではみられなかったものである。もちろん,自尊感情をいくつかの要素に分けてとらえようとするものはあったが,基本的と社会的という二つの領域を考え,かつそれらの関係を「基礎と上屋」のようにとらえ,相互の関係性を含めて明確に構造化したものはなかったのである。

ただ,社会的自尊感情については,まずチラー(Ziller, R.C.)の理論に触れておく必要があるだろう。チラーは,自尊感情が「自己と他者との比較または社会的文脈から生ずる」(井上,1992a)と考えており,社会的自尊感情についての測定法として,重要な他者との相対的な位置関係を図示する方法を開発している。

さらには,ヘルムライヒら(Rovert Helmreich & Joy Stapp, 1974)の社

会的行動評価目録（TSBI；Texas Social Behavior Inventory）がある。TSBIは原型を32項目で構成しているが，多くの対象からデータを得るためと，再テストによって変化をみるためとして，16項目による二つの短縮版を作成している。それらは「自分を自信家だと思っています（I would describe myself as self-confident.）」，「容姿には自信を持っています（I feel confident of my appearance.）」などの項目からなっている。

また最近では，いまだ明確に概念化するには至っていないが，日本の研究者が自尊感情の二つの側面を意識した記述をおこなっている。

中間（2007）は，誰がどのように評価するのかについて論考する中で，つぎの二つの評価基準を検討している。それらは，「他者の視点をそのまま取り入れ，他者の有する価値基準にそのまま依存した形で評価基準を形成している」場合と，「他者の視点を取り込みつつ自己の内的基準として形成し直すプロセスを経た」場合とである。このうち前者は他者の視点が直接影響している点から，社会的自尊感情に関連しており，後者は自己の内的基準に取り込まれている点から，基本的自尊感情に関連してくるのではないかと考えられる。

もう一つの例として，伊藤（2007）の論述を示すことができる。彼はセルフ・エスティームと社会的比較について検討する中で，つぎのような表現をしている。それは，「自分は周囲の人から無条件で愛されるべき存在であるといった認識，いわゆる安定した愛着を基盤としたセルフ・エスティームも考えられるが，やはり，自分と他者とを比較することによって，すなわち社会的比較によって，自分の価値の高さを相対的に判断することが多いと思われる」（傍点筆者）というものである。これをみると，中間（2007）に比べてかなり明確にセルフ・エスティームの二つの領域を意識しているといえよう。ただ，傍点で示したように，二つの領域を意識しつつも，自尊感情としては，後段の部分つまり社会的自尊感情に相当する部分のみに焦点化して考えているのである。

次項では，これまでに知られている，おもな自尊感情の理論を概観していくことにしたい。新たな地平は，現在の地点までの，先人の地道な歩みの先に開けるものだということが，あらためて確認できるであろう。

2　自尊感情の各種理論と尺度

（1）ローゼンバーグ

　現在まで，わが国で自尊感情尺度として最もよく知られ，かつ使用されているのがローゼンバーグ（Morris Rosenberg）の開発した尺度である。この尺度は10項目の質問文で構成されており，使用方法が簡便で，山本らの邦訳版（山本ら，2001）がよく知られている。

　原典では全10項目それぞれに対して，「あてはまる」から「あてはまらない」までの4件法で回答するようになっているが，山本ら（2001）の邦訳版では5件法を採用し，川畑ら（2001）は3件法を用いている。信頼性と妥当性が確保されるのであれば，調査の目的に応じて質問の仕方を検討し採用すればよいのではないかと考えている。ちなみに，筆者らは，原典に合わせて4件法を採用している（股村，2007）。

　ローゼンバーグは著書（Rosenberg, 1989）の中で，「とてもよい（very good）」と「このままでよい（good enough）」という，自分に対する自身による評価の感情として，二つのものがあることを指摘している。その上で，自尊感情としてはgood enoughの感情が大切だとしている。

　このgood enoughというのは，他者との比較によって生じるというよりも，自分で自分を受け入れる感情であるといえよう。もちろん，他者との一切の交渉がないところに人は育たないことは自明のことであるから，その感情の背景にはある基準としての他者の存在がないとはいえない。そのことは，実は自尊感情尺度の質問文にも現れている。例えば，次に示したその第一質問文にも現れている。

　I feel that I'm a person of worth, at least on an equal plane with others.
　（直訳：私は，他の人たちに比べて少なくとも同じくらいに価値のある人間だと感じています。筆者ら翻訳による子ども版（股村，2007）：ほかの人たちとおなじくらいによいところがあると思います。）

　一方でもちろん，他者との比較が直接的な基準になっていない，内在化された自己評価に基づく判断を問う質問文が大半である。例えば，次の第六質問文のようなものである。

I take a positive attitude toward myself.
（直訳：私は，自分自身を肯定的に受け止めています。筆者ら翻訳による子ども版（股村，2007）：自分はこのままでいいと思います。）

　ローゼンバーグの自尊感情尺度はわが国で広く使われ，また全般的・総体的な自尊感情をはかるものとして受け入れられてきた。しかし，ここでその一部をみたことでもわかるように，より直接的に他者との比較による部分と，内在化された自己評価の部分が混在した尺度であるといえよう。ただ，そのことはこれまでの因子分析などを主とした研究では明らかになっていないのも事実である。

（2）ハーター

　ハーター（Susan Harter）の尺度は，子どもの日常場面に即して評価されるものとして，わが国でもよく使われている。川畑ら（2001）は小・中学生の自尊感情と喫煙行動との関連を，近森ら（2003）は同じく小・中学生の自尊感情と運動習慣との関連を，ローゼンバーグの尺度と組み合わせて用いて検討している。

　子どもの身につける能力（competence）は，ハーター（Harter, 1982）によれば次の三つの領域からなっている。

（a）　認知的能力：学業成績によって強化されるもので，授業がよくわかる，頭がよいなどの意識。
（b）　社会的能力：友だちとの関係についての意識で，たくさん友だちがいる，友だちに好かれている，クラスの中で重要な存在だといった気持ち。
（c）　身体的能力：スポーツが得意だ，すぐに屋外の遊びを身につけられる，誰かが遊んでいるのを見ているより自分でするほうが好きだ，といった気持ち。

　彼女は，こうした考え方を基にしつつ，さらに全般的な自己価値の項目をつけ加えて，全部で4領域28項目からなる子ども用の自尊感情尺度を開発して

いる。

　たしかに，小・中学生の日常生活を考えれば，学校での時間が圧倒的に長く，しかも彼らの行動や考え方に大きな影響を与えていることは自明であろう。そうした意味で，学業，友だち，運動の三つの領域に注目して，それらに関する自信が子どもたちの心を支えていることは容易に想像できる。筆者らが考えている社会的自尊感情は，具体的にはこのハーターの指摘する三領域に集約できるのかもしれない。このことについては，のちに触れることになるであろう。

（3）ポープ

　ポープ（Alice W. Pope）は，5領域からなる自尊感情尺度によって，よく知られている。彼女の著書（Pope, 1988）から要約すると，それらは以下のとおりである。

① 社会領域：誰かの友だちとして自分自身をどう感じているか。つまり，友だちは自分を好きだろうか，自分の考え方を認めているだろうかといった評価。（例：17．友だちは，私の考えに耳を傾けてくれます。 23．友だちといると安心できます。）

② 学習領域：自分自身を児童・生徒としてどう評価しているか。ただ，すべての子どもが"Aクラス"にはなれないので，その子自身の基準で"good enough"と感じているか。（例：8．私は十分文章が読めます。 20．学校でやっていることを自慢できます。）

③ 家族領域：家族の一員として，自分をどう感じているか。家族の一員として価値のある存在か，独自の貢献をしているかなど。（例：4．私は家族の中で重要な存在です。 10．私は家族といると安心できます。）

④ 身体領域：身体的魅力と身体能力をどう感じているか。伝統的には女子は特に前者が重要であるし，男子は後者が重要であるが，最近はその差が少なくなっている。（例：9．私は格好よいと思います。 21．私はよい顔をしています。）

⑤ 全般領域：全体的に自分自身をよい子と感じていたり，自分が好きだと

感じているか。(例：1．私は自分自身が好きです。 7．私は重要な人間です。)

ポープは，この5領域のそれぞれを10項目の質問文で構成し，さらに虚偽項目10項目を付加して，全60項目の自尊感情尺度を作成している。

上記の③学習領域に，"good enough"とあるのをみると，彼女がこの尺度を作成するにあたって，ローゼンバーグを参照していることは明らかであるし，他の箇所ではハーターの尺度の紹介も詳細にしているのも注目に値する。

(4) クーパースミス

クーパースミス (Coopersmith, 1958) は，仲間 (peer)，両親 (parents)，学校 (school)，自分自身 (self) の四つの領域にわたる，50項目からなる自尊感情尺度で知られている。彼は，10歳から12歳の公立小学校の児童を対象として，この尺度で自己評価した値と学業成績および友だちの評価（ソシオメトリック・テストの結果）の関係を調べて，それらの間に有意な相関があることを見出している。

また彼はこの研究の中で，教師と校長による児童の行動評価（Behavior Rating Form）をおこない，それらの関係を調べて，児童の自己評価の意味について議論している。教師と校長による行動評価は，児童がなにか失敗した後の反応や，新しい状況における自信，あるいは勇気づけたり安心させたりする必要性などについて，14項目を立てて5段階評価をしたものである。

そして，自己評価と行動評価の組み合わせで，自己評価が高く行動評価が低い（H-L），自己評価が低く行動評価が高い（L-H），両方とも高い（H-H）そして両方とも低い（L-L）の4群の比較をした。その結果，H-Lでは他の群に比べて有意に学業成績が低く，L-Hでは学業成績が高かった。また，H-Hはあらゆる点で高い点数を示し，L-Lの子どもはあらゆる点で低い点数を示したという。

このように，クーパースミスの自尊感情尺度は，もっぱら社会的自尊感情の領域に限定されたものであり，また行動として現れているものへの自己評価であるといえよう。井上（1992 b）はこのことを次のように説明している。つま

り，クーパースミスのいう自尊感情とは「その人が言語的な報告および外部に表出された行動によって他者に伝える主観的経験である」という。

（5）ヘルムライヒ

前述したように，ヘルムライヒら（Rovert Helmreich & Joy Stapp, 1974）の社会的行動評価目録（TSBI ; Texas Social Behavior Inventory）は，社会的能力と自尊感情を測定するために開発されたものである。原型は32項目からなっているが，TSBI-A と TSBI-B のそれぞれ16項目からなる二つの簡易版尺度を作成している。

彼らはテキサス大学の学生500名（男子238名，女子262名）を対象とした調査によって，信頼性と妥当性の検討をしている。その結果，32項目版と簡易版それぞれとの相関は，いずれも0.9を超えて極めて高く，また短縮版の相互の相関も0.89と十分な値を示したとしている。また因子分析の結果，男子，女子それぞれの群において4因子構造を見出したとして，因子的妥当性を認めている。男子の4因子はそれぞれ，自信（confidence），支配性（dominance），社会的能力（social competence），そして社会的引きこもり（social withdrawal）であり，女子は，第1から第3因子までは男子と同じで，第4因子が権威との関係（relation to authority figures）となっている。

これを明確に社会的自尊感情の尺度と位置づけて，日本の大学生，看護職員，企業の男性中間管理職の3群を対象に調査し，因子的妥当性を検討した研究もある（東ら，1998）。その結果によれば，因子的妥当性は十分得られたとしている。

これらの結果を総合してみると，成人を対象として考えるならば，ヘルムライヒの TSBI は十分検討に値する尺度であるといえよう。

Ⅱ 関連する理論

1 内的プロセスと外界との関係

　図1.1は，基本的自尊感情と社会的自尊感情を中心とした感情の動き（内的プロセス）と，外界との関係を示したものである。本節では，この図に示された各概念と関連する理論について検討していくことにしたい。

　基本的自尊感情は，極めて幼いころの親あるいは親に代わる養育者との関係で成立する愛情関係（近藤，2004）が，まず第一にその支えとなると考えられる。そして，そのことを支えとして，エリクソン（Erik H. Erikson）が主張した基本的信頼感が成立する（Friedman, 1999）。さらに，そうした経験を積んだ後で，あるいは積みながら，身近な信頼できる人々との共有体験を重ねていくことで，基本的自尊感情はより強固に形成されていくと考えられる。共有体験について，さらには共有体験から生まれる自己評価，自己肯定感そして自己受容感などについては，第3章で詳細に議論することにしたい。

　一方，社会的自尊感情はおもに，外界（他者）からの働きかけを受け止めることによって強化されていく。それらは，ある場合は賞賛であり圧力である。また，子どもは自ら成長しようという意欲を持って，挑戦していく面も持っている。挑戦した結果，ある程度の成果が得られると，それが自己効力感（Bandura, 1977）を高めさらに挑戦を繰り返す循環を生み出す。

2 無条件の愛と無条件の禁止

　受容と拒絶，あるいは愛と禁止の関係は，カウンセリングの場面において重要な鍵を握っている。カウンセリングは，カウンセラーとクライエントの間での契約関係に基づく，援助活動である。最も重要な契約条項は，カウンセラーにとっては守秘義務の履行であり，2人にとっては時間と場所の限定である（近藤，1998）。多くの場合，始まりと終わりを具体的に設定した，1時間程度の時間内で，2人の話し合いが行われる。また，2人の関係は，多くの場合6畳間程度の広さの，ある限定的な室内空間で繰り広げられる。

第1章　自尊感情の理論

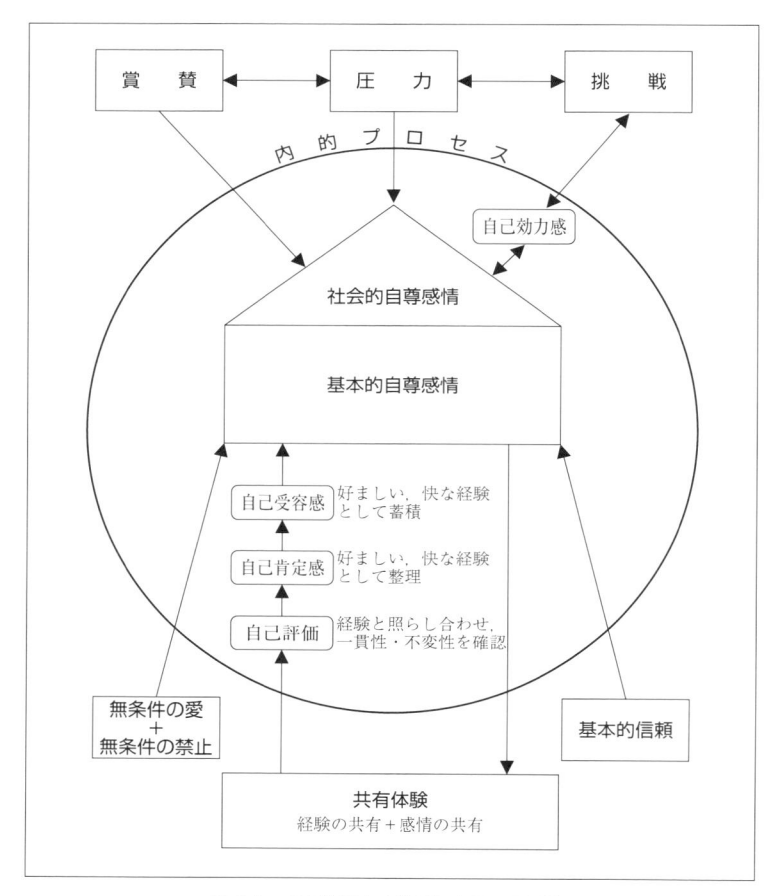

図1.1　共有体験と内的プロセス・モデル
(近藤卓「自然の中の運動遊びと精神発達」『体育科教育』第55巻第10号，32–35，大修館書店，2007)

　カウンセラーは，「愛情」と誠意を持ってクライエントの話に耳を傾け，やがて成立する深い信頼関係（ラポール）によってカウンセリングは支えられる。おそらく，生産的に進行しているカウンセリングの場面を客観的に観察すると，それはあたかも信頼に満ちた親子関係や師弟関係，あるいは深い愛情に満ちた恋人同士のようにみえるかもしれない。しかし，そこにある「愛情」

は，制限つきの愛情なのである。

　どれほどにカウンセラーがクライエントに信頼され，クライエントを「愛して」いても，決められた時間とその場所の中だけで展開されるのが，カウンセリングという行為なのである。しかも，そこでは言葉による関係に終始し，一切の身体的な援助行為は行われない。

　このように，一定の枠組み（制限あるいは拒絶）があるからこそ，そこで発せられる言葉（愛情あるいは受容）に大きな力が宿るのであろう。つまり，拒絶（制限）とつりあうだけの受容（愛情）が，クライエントに伝わるのだといえよう。

　こうした制限の重要性について，わが国のカウンセリングに多大な影響を与えた心理学者のロジャーズ（Carl R. Rogers）は，その著書（ロジャーズ，1966）の中で「セラピストにとっての制限の価値」として，明確に述べている。そこでは，責任の制限（Limitation of Responsibility），時間の制限（Limitation of Time），攻撃的行為の制限（Limitation of Aggressive Action）とともに，愛情の制限（Limitation of Affection）についても，事例のエピソードを示しながら，その重要性を説明しているのである。

　そこでのロジャーズの論点を一言でまとめれば，ひとつにはカウンセラーはさまざまな行為と愛情の面において，一定の制限を持ってクライエントとかかわりを持つことになるということである。そして，その制限があるからこそ，カウンセリングという営みが一定の意義を果たすことになるのであって，無制限になんらかの行為を果たそうとすれば，やがて破綻せざるを得なくなり，クライエントを決定的に傷つけることにもなりかねない，ということである。

　次に，親と子の間の愛の問題について考えてみたい。子どもは無条件の愛を求め，親は無条件に愛する。これですべて完結する，と言い切ることができないところに，愛の問題の難しさがある。

　間違いなく親が子を愛しているとしても，子どもにはそれが伝わっていない場合が多い。親は子どもからの見返りなど考えず，無条件に愛し育てともに暮らしている。少なくとも親自身は，そう思っている。しかし，子どもは無条件の愛を求める。親は無条件に愛しているのに，なぜ子どもは無条件の愛を求め

第1章　自尊感情の理論

続けるのだろうか。

　それは，愛というものの本質に関わる問題である。つまり，愛というのは，愛する側にとって意味がある行為であるよりも，愛される側にとって意味のある行為である。「ありがた迷惑」の言葉どおり，親切心から出た行為でも相手が迷惑と感じれば，逆効果である。その逆に，意地悪から発した行為でも，相手がありがたく受け取ることもある。

　つまり，愛が愛として機能するかどうかは，与える側ではなく，受け取る側の心の持ちようにかかっているのである。だから，怒りに任せて殴りつけても，それを愛と受け取る場合もあるし，いとおしさから抱きしめても，そこに嫌悪を感じるかもしれないのである。

　さて，親が与える無条件の愛を，なぜ子どもは愛として感じ取れないのであろうか。そこには，二つの理由があると考えられる。まず第一は，無条件という言葉の意味に秘密がある。無条件ということは，条件がつかないということであり，理由がないともいえるし，説明できないということでもある。とにかく，無条件に説明なしに愛しているのでなければならない。なぜ愛しているのかと問われても，説明できない。理由もいえない。とにかく，無条件に愛しているのである。

　これに対して，条件付きの愛なら説明できる。これこれのことができたから，なになにだから，私はあなたを愛する。そういう説明付き，条件付きの愛は説明できるし，説明されれば子どもも納得して，ああ，だから愛されているんだな，愛とはこういうものなんだな，と理解する。ただ，子どもが望んでいる愛は，そうした愛ではない。無条件の愛なのである。

　親が与える無条件の愛を，子どもが感じ取れないということの二つ目の理由は，愛と正反対の行為としての「禁止」の欠如にあると筆者は考えている。愛が受容なら，禁止は拒絶である。ここでも，愛の場合と同様に，条件付きの禁止は子どもも知っている。それらは，親が日常的に示しているからである。これこれのことは，これこれだからしてはいけない。なになにをすると，誰それに叱られるからやってはいけない，などの条件付きの禁止である。

　ただ，ここで問題にしなければならないのは，こうした条件付きの禁止では

なく，無条件の禁止である。無条件の禁止を示すことができたとき，はじめて無条件の愛が子どもに伝わるからである。

　無条件の禁止というのは，問答無用で絶対的に禁止するということである。理由の説明などできないのである。それは突き詰めていえば，人を殺してはいけない，という絶対的な禁止事項である。なぜ殺してはいけないのか，と問われても説明できない。説明する必要もない。絶対的に，無条件にしてはならないことなのである。

　そういった，説明抜きの無条件の禁止ということの存在を親が示せたとき，親がすでに示しているつもりだった無条件の愛が，実態を伴ったものとして，子どもに伝わるのである。

　こうして，無条件の愛と無条件の禁止がしっかりと伝わったときに，それが子どもの基本的自尊感情を根本のところで支えることになる。

3　基本的信頼

　ここでは，基本的信頼の形成と，それを支える心理・社会的な事態として，エリクソン（Eric H. Erikson）の生涯発達理論，バークマン（Lisa F. Berkman）とブレスロー（Lester Breslow）のライフスタイル研究，テーラー（Shelley E. Taylor）とブラウン（Jonathon D. Brown）のポジティブ・イリュージョン理論，マスロー（Abraham H. Maslow）の欲求理論，フロム（Erich Fromm）の愛の理論，そしてロジャーズ（Carl R. Rogers）のカウンセリング理論をみていくことにする。

（1）エリクソンの生涯発達理論

　エリクソン（Erik H. Erikson）は，生涯発達の理論を提出し，特にアイデンティティの概念によって広く知られている精神分析家である。現在私たちが目にする，エリクソンの心理・社会的発達段階の図は，直線的に一次元で表現されているものが多い。しかし，エリクソン自身はそうは考えていなかったようで，オリジナルでは対角線上に並べて考えていた。その意味は，「各発達段階を縦ではなく対角線上に並べることによって，対立する二者の葛藤の記録で

ある各段階が人生の出発点において存在し，ずっと存在することを示そうとした」(Friedman, 1999) ということである。ここで示した図1.2は，生涯発達の要ともいうべきアイデンティティに注目して，その発達を二つの軸で詳しく示したものともなっている (Friedman, 1999)。このほかにも，発表の時期や場所によって多少異なる図示を，複数種類おこなっていたようである。

A 段階	B 健康なパーソナリティの基準								C 社会半径
Ⅰ「口唇的」「感覚的」	信頼 対 不信								「存在」母親
Ⅱ「筋肉的」「肛門的」		自律 対 恥・疑惑							母親 父親 など
Ⅲ「運動的」「幼児性器的」			率先 対 罪						両親 兄弟姉妹 遊び場など
Ⅳ「潜在期」				勤勉 対 劣等感					クラスメート 教師 など
Ⅴ「思春期」「青年期」					アイデンティティ 対 拡散				遊び集団 社会的プロトタイプ 二つの性など
Ⅵ「成人前期」						親密 対 孤独			
Ⅶ「成人期」							生成継承性 対 自己没頭		
Ⅷ「成熟期」								統合 対 嫌悪・絶望	

図1.2 幼児期・児童期に関する半世紀記念ホワイトハウス会議のためのもの (1950)

(Lawrence J. Friedman (1999). *Identity's Architect—A Biography of Eric H. Erikson.* Simon & Schuster, Inc. (フリードマン（著）やまだようこ・西平直（監訳）『エリクソンの人生——アイデンティティの探求者・上』新曜社，2003))

いずれにしても，この8段階の発達過程において，その第一の段階が「信頼」対「不信」の葛藤の克服である。人生の最初の段階において，他者（ここでは母親）との間に「信頼」，つまり基本的信頼を確認できたときに，次の発達段階へと進むことができるというのが，エリクソンの考え方である。つまり，それに続く「自律」も「率先」も，そして「勤勉」さえもが基本的信頼によって，いわば支えられることになる。

エリクソンは1994年に94歳で亡くなったが，彼以前の発達理論はフロイトにしろピアジェにしろ子ども時代か，せいぜい青年期までしか考えていなかったのに対して，エリクソンが生涯にわたる発達という考え方を提示したことに

よって，現在の生涯発達の考え方が理解され，その結果，生涯学習・生涯教育や社会教育などの概念が生まれたものと考えられる。

　余談ではあるが，1993年から1995年まで，筆者がロンドン大学の精神科に客員研究員として留学していたある日，精神科の教授との昼食の場でエリクソンの話題になった。筆者自身が，ちょうどその前日の新聞で，エリクソンが亡くなったという記事を新聞で読んでいたからである。すると，その教授は，彼はまだ生きていたのか，もうすでに歴史上の人物だとばかり思っていた，と驚きを隠さなかった。エリクソンは社会的にも非常に大きな影響を与えた人物であるが，晩年は割合ひっそりと暮らしていたことがうかがわれる。

（2）バークマンらのライフスタイル研究

　バークマンら（Berkman et al., 1983）は，カリフォルニア州アラメダ郡の4,000人を超える成人男女を対象として，日常の生活習慣と死亡率に関する大規模な追跡調査を行った。調査は1965年と1974年に実施され，生活習慣によって9年後の死亡率に差があることがわかった。

　調査の内容は，大きく二つの領域に分けられる。一つは，いわゆる生活習慣で「七つの健康習慣」として知られるものである。それらは，喫煙，過度の飲酒，運動不足，肥満，不適当な睡眠時間，食事，間食の7項目で，それぞれによい状態に1点，悪い状態に0点として得点化された。その結果，健康習慣得点と死亡率との関係性が明らかになった。

　もう一つが，社会的ネットワークで，結婚，親しい友人や親類，教会への参加，教会外でのグループ活動などの状況を調べた。その結果，他者とのつながりの度合いと死亡率との関係性があった。

　つまり，身体の健康と直接関係のありそうな生活習慣だけでなく，一見して健康と直接的なかかわりが感じられない，身近な人々との日常的な交流の多い少ないが，人の健康にとって大切なことを示したのである。

　この点について興味深い研究（Abel & Kruger, 2006）がある。これは，アメリカの大リーグの野球選手について調べたもので，野球選手としての現役時代に，ニックネームを持っていた選手とそうでない選手では，平均寿命に差が

あったというのである。考察によれば，ニックネームがある選手は，それだけ人気がありファンに愛されていたので自尊感情が高く，それが寿命に影響したのだろうという。

(3) テーラーらのポジティブ・イリュージョン

大多数の人々が身のまわりの出来事や将来に対して，平均以上の肯定的な期待を抱いているという現象をポジティブ・イリュージョンという。大多数の人が平均以上になる，ということは論理的にありえないことなので，それをイリュージョン（幻想）と呼んだのである。この概念は，テーラー（Shelley E. Taylor）とブラウン（Jonathon D. Brown）の研究（Taylor & Brown, 1994）で知られるようになった。彼女らによれば，ポジティブ・イリュージョンを持つことは，精神的な健康に寄与しているという。

外山ら（2000）は，このポジティブ・イリュージョンは集団で確認される認知傾向なので，個人の自己認知を検討するのに適さないとして，「自己高揚的な認知」という概念を提出している。自己高揚的な認知とは，「各個人が自己の性格，将来，統制について，他者のそれよりポジティブに認知すること」である。そして，ポジティブ・イリュージョンが精神的な健康に関係しているという諸外国の研究を踏まえて，外山らは自己高揚的な認知と精神的健康の関係を実証的に明らかにしている。その結果，自己高揚的な認知をしている人は，精神的に健康な生活をしている（不安傾向が少ない）ことがわかったという。

(4) マスローの欲求理論

マスロー（Abraham H. Maslow）は，欠乏欲求と成長欲求という欲求の二つの領域，とりわけ成長の欲求に注目して，その重要性を示した（Maslow, 1962）。よく知られているように，マスローによれば欲求は五つの領域に分けられ，しかもそれらが階層関係にある。つまり，生理的な欲求が一番下にあり，その上に安全の欲求，さらに所属の欲求，尊敬の欲求と続き，最上部に自己実現の欲求があることになる。

マスローによれば，これら五つの欲求を大きく二つの領域に分けて考えるべ

きだという。生理的欲求と安全欲求は欠乏欲求であり，他の三つは成長欲求であり，これら二つの領域は，いわば根本的にベクトルの向きが逆だからである。つまり，欠乏欲求はある空白を埋めようとする欲求で，「その欠如が病気を引き起こす」ような欲求である。別の見方をすれば，この欲求は他に依存する欲求である。

それに対して，成長欲求はすでに欠乏がなく満たされた状態から，さらに前に進みたいという欲求である。つまり，欠乏欲求が他から受け取ることを願う欲求であるのに対して，成長欲求は他へ与えたいと願う欲求であるともいえよう。

自己実現の欲求は成長欲求の頂点に位置するが，その手前には自尊の欲求がある。つまり，自尊の欲求が満たされたとき，はじめて次の段階の自己実現へと向かうことができる。つまり，一人の独立した個人として，自分らしさを発揮した生き方をするためには，まず自尊の欲求が満たされる必要があるのである。

(5) フロムの愛の理論

フロム（Erich Fromm）によれば，いのちの秘密を知りたいという欲求は人にとって根源的なものである（Fromm, 1956）。そして，その秘密を知ろうとして，人はさまざまな行動に出る。彼によれば，その方法にはいくつかの形があるが，いちばん悲劇的で絶望的な方法は，動く時計の秘密を知ろうとして分解してみるように，人を解体してみたいという欲求に基づくものだという。フロムは，子どもの行動を例に挙げてつぎのように説明している。

「子どもは，しばしば，こうした方法によって何かを知ろうとする。何かを知りたいと思ったとき，子どもはそれをばらばらに分解する。動物をばらばらにすることもよくある。秘密をむりやり引っぱり出そうとして，蝶の羽を残酷にむしりとったりする。この残酷さは，もっと深い何か，つまり物や生命の秘密を知りたいという欲望に動機づけられているのだ。」

こうした絶望的な方法の反対の，最も生産的で希望に満ちた方法が，愛するという行為であると，彼は主張している。

「愛とは，能動的に相手のなかへと入ってゆくことであり，その結合によって，相手の秘密を知りたいという欲望が満たされる。融合において，私はあなたを知り，私自身を知り，すべての人間を知る。ただし，ふつうの意味で『知る』わけではない。命あるものを知るための唯一の方法，すなわち結合の体験によって知るのであって，考えて知るわけではないのだ。」

いのちの秘密を知りたいという欲求は，子どもが10歳から12歳を中心としたある時期に抱く欲求（曽我ら，2001）で，彼らはそのときにその問いを一人で考え，抱え込んでしまいがちである。そこに，人間としての根源的な孤独を感じ取り，苦しむことが起こりうる。そこで，筆者らはそうした時点における，信頼できる他者との共有体験，つまりフロムの言葉でいうところの，「愛」が重要であると考えているのである（近藤，2007）。

（6）ロジャーズのカウンセリング理論

ロジャーズ（Carl R. Rogers）は，わが国におけるカウンセリング普及の立役者の一人といっても過言でないほど，よく知られた人物である。カウンセラーになる訓練の過程で，多くの人々が目にするグロリアという名の若い女性との面接を収めた映像（ロジャーズら，1980）で，その優しい風貌に親しみを感じているカウンセラーは少なくない。ここで繰り返す必要はないほどに，彼の来談者中心療法はわが国のカウンセリングの世界に受け入れられ，第二次世界大戦後の日本で広まり浸透していった。本項では，「愛」との関係を中心として，彼の言説を振り返っておきたい。

彼は代表的な著作（ロジャーズ，1966）の中で，カウンセリングについて次のような要約をおこなっている。つまり，「カウンセリングは，クライエントをして，自分の新しい方向をめざして積極的に歩み出すことができる程度にまで，自分というものについての理解を達成できるようにする，明確に構成された許容的な関係によって成立するもの」としている。その上で，カウンセリングとその他の方法，つまり命令と禁止，懺悔もしくはカタルシス，助言の活用，知的な解釈などとの違いを，例を挙げながら説明している。

彼によれば，カウンセリングはかつて経験したことのないユニークな関係

で，親子関係とも友人関係とも，さらには師弟関係や医師・患者関係とも，指導者と従属者や僧侶と檀家の関係とも異なる。そうした例示のあとに，つまりどのような関係かということを直接的に説明している。それによれば，第一に，カウンセリングとはカウンセラーの温かさと応答的な態度と限界を持った愛情的な結合である。前述したように，ロジャーズはカウンセリングには限界と制限に特徴がある，との立場をとっている。第二には，感情を意のままに表現できること，そうはいいつつも，第三には，カウンセラーとクライエント両者にとって明確な行為の制限があり，第四には，あらゆる圧力や強制とは無縁の関係であるということである。

4　賞賛

（1）見つめられ欲求

　筆者は，かつて著書（近藤，1990）の中で，最近の子どもたちは人から見られることを強く意識し，そのことで自らの行動を決定していると述べた。そして，その背景要因として，社会の移り変わりを四つの視点から考察した。

　第一に，メディアの普及と発展によって，見る側と見られる側が容易に入れ替わりうるように変化したことを挙げた。第二に挙げたのは，その背景として社会そのものが成熟して，例えば女性の社会進出においてもみられることだが，誰もが自分の存在を主張するようになったことである。第三には，甘え欲求とのアンバランスである。通常は，幼いころの甘え欲求優位の状態から，次第に見つめられ欲求優位に移り変わるところを，幼いころの欲求充足が不十分なため，いつまでもそれを引きずり，同時に見つめられ欲求も存在するという混乱状態が起こっていると考えられる。第四には，価値の一元化がより一層進み，競争が激化した社会の中で，とにかく一番になること，目立つことが重要視されるようになったことである。

　本来，見つめられ欲求の意味は，一人の独立した個人として，しっかりとあるがままに評価されたい，という欲求であると考えられる。ところが，そうした評価が難しいとき，子どもたちはさまざまな方法で自己主張し，自分の存在をアピールしようとするのである。そうして表出されるさまざまな行動を，見

つめられ欲求との関係で分類したものが，表1.2に示したものである。

こうすることで，一見無関係であったり正反対に感じられる行動が，実は根本的には同じ欲求から生じているということが理解できる。社会的に是認できないような行動であっても，そのベクトルの向きを変えてやるだけで，子どもたちは欲求を充足するとともに，社会的な評価を受けることも可能になるのである。彼らは，無視されること，孤独になることを最も恐れている。見つめられたい，誉められたい，評価されたいと思っていても，現実の生活の中でそれがかなうのはごく一部のものに限られている。そうしたときに，嫌がられたり，恐れられたり，あきれられることでもよいから，振り向いてほしいという思いからさまざまな行動に出る。それは，とにかく自分という存在を知ってほしいという，悲痛な叫びなのである。

表1.2 「見つめられ欲求」からみた子どもの行動

	「見つめられ欲求」を満たすことへの態度	
	積極（能動）的 $+x$	消極（受動）的 $-x$
ポジティブな社会的評価 $+y$	勉強やクラブ活動で好成績を得る。児童会・生徒会活動や学級委員などの仕事を積極的に遂行する。参観日や運動会・学芸会などで活躍する，など。（$+x$, $+y$）	友人に親切に思いやりをもって接する。常に正直であろうとする。掃除当番や奉仕活動をいとわずする，など。（$-x$, $+y$）
ネガティブな社会的評価 $-y$	さまざまな校内暴力，いじめやつっぱり，奇抜な服装・髪型，奇声を発したり騒音をまきちらしたり，その他のいわゆる反社会的問題行動など。（$+x$, $-y$）	種々の形の不登校，心身症的な訴え，その他のいわゆる非社会的問題行動など。（$-x$, $-y$）

（近藤卓『見つめられ欲求と子ども』大修館書店，1990）

（2）自己愛

　自己愛（ナルシシズム）という言葉の意味からすると，自尊感情とはかなりの距離がある。単純にいって，ナルシシズムは自分の姿に見ほれたギリシャ神話のナルキッソスに象徴されるものであるし，自尊感情は自分を大切に思う感情だからである。

　ただ，かなりの距離があるとはいっても，まったく異なったベクトルを持つものではないようにも思える。たしかに，アメリカ精神医学会（American Psychiatric Association）のDSM-IV-TR（American Psychiatric Association, 2003）の診断基準による自己愛性パーソナリティ障害（Narcissistic Personality Disorder）を参照すれば，それがかなり特異なものであることは理解できる。しかしながら，そうした「傾向」ということになれば，それは誰しもが多少は持つ思いだともいえよう。一般に，パーソナリティ障害は一定の限度を超した極端なパーソナリティ（人格・性格）の偏りを指しているので，ある程度の「傾向」ということになれば，誰でもが持っていてもおかしくはないのである。

　DSM-IV-TRによる診断は，つぎに示した9項目のうち5項目以上によっておこなわれることになっている。

① 自己の重要性に関する誇大な感覚
② 限りない成功，権力，才気，美しさ，あるいは理想的な愛の空想にとらわれている。
③ 自分が"特別"であり，独特であり，他の特別なまたは地位の高い人たちに（または施設で）しか理解されない，または関係があるべきだ，と信じている。
④ 過剰な賞賛を求める。
⑤ 特権意識，つまり，特別有利な取り計らい，または自分の期待に自動的に従うことを理由なく期待する。
⑥ 対人関係で相手を不当に利用する，つまり，自分自身の目的を達成するために他人を利用する。

第 1 章　自尊感情の理論

⑦　共感の欠如：他人の気持ちおよび欲求を認識しようとしない，またはそれに気づこうとしない。
⑧　しばしば他人に嫉妬する，または他人が自分に嫉妬していると思い込む。
⑨　尊大で傲慢(ごうまん)な行動，または態度。

（「自己愛性パーソナリティ」高橋三郎・大野裕・染谷俊幸（訳）『DSM-IV-TR　精神疾患の分類と診断の手引き　新訂版』239 頁，医学書院，2003 より）

　誰しもが，自分を「重要」だと思い，「成功」を信じ，「特別」に扱われたいと願い，「賞賛」を求め，まわりの者を「利用」しようと考え，その気持ちに「気づかない」ことがあり，「嫉妬」し，「傲慢」な態度をとってしまうことはありうる。つまり，自己愛的な「傾向」は，多少は誰の心にも宿しているものであろうし，逆にいえば，そうでなければ「夢も希望もない」ことになってしまうだろう。さらにいえば，そうした「夢や希望」を実現しようとして，私たちは努力し成長しようとするのではないだろうか。

（３）誇大自己とプライド
　このようにみてくると，適度な自己愛は，むしろ人間にとって必要なものであり，自尊感情を支えるものであるともいえよう。では，適度な自己愛はどのようにして育まれるのであろうか。それはおそらく，発達的にみて極めて初期（精神分析的にいえば口唇期・肛門期）に，どのような過ごし方をしたかによって決まってくるのであろう。
　この発達的にみて極めて初期の時代は，自己愛の時期であるといってもよく，この時期に固着が起こるとそれが，誇大自己を生み出すとして，精神分析家の木田（1986）は，そうしてできる性格を喝采症候群と名づけ議論している。木田は，そもそもおとなの気を引こうとする子どもの特徴を「一歳人」性格と呼び，それは長じてからでも誰にでも多少は残存する性格であるという。ただ，その幼い「一歳人」の時代に過度に満足して過ごした場合に，パラノイ

ア（偏執病）的になり喝采症候群に陥るというのである。この性格は，常に誰にでも過度に喝采を求め，確固たる自信と妄想的確信によって，行動し発言するので，まわりの者はしばしば振り回されることになる。

こうして成長した人格は，根拠なく過度にプライドが高く，虚栄心や非現実的な（時に妄想的な）自己像を持つことになる。こうした人格は，子どもの問題だけでなく，若者や大人の問題としても，最近ではさまざまな局面で指摘されている（諏訪，2005；速水，2006；諸冨，2007）。

結論的にいえば，万能感に満ちて外界を意のままに操れる時期にあって，自己愛を過度に満足させたり，逆にまったく満足できないときに，「一歳人」の性格が尾を引くことになる。したがって，自己愛を十分に満足しつつも，まわりにいる養育者やおとなたちとの，必要にして十分なコミュニケーション，つまり情動的交流（久保田，1996）のあることが大切であろう。そのことによって，自己愛と他者への愛とがバランスをとったものとして，発展していく道筋が形作られると考えられるのである。

5　圧力

身近な両親，きょうだい，祖父母，親類あるいは学校の先生，さらには社会からの有形無形の圧力が，日々子どものみならずおとなに至るまで，現代人の上にかかっていることは疑いない。そうした圧力が，新たな挑戦の原動力になっていたり，その結果としての賞賛を得るきっかけになっていることもまた疑いないが，一方で，そうした圧力がストレスの原因となっている場合も少なくない。

ストレスは，もともと20世紀の前半にカナダのセリエ（Hans Selye）によって生物学的な反応として提示された概念であり，一言でいえば，種々の有害作用に対して体内に生じる防衛の反応のことである。有害な作用としては，化学的，物理的なものだけでなく，人間関係や社会関係によって生じるものも含まれ，とりわけ現代社会では，自然環境や社会環境からのストレスは無視できない程度に高まっているといえよう。

ストレスのプロセスを，①警告反応期，②抵抗期，③疲労困憊期の三つの段

階に分けて考えることが一般的で，それぞれ①体温下降，低血圧，低血糖，胃腸のびらん，②体温上昇，血圧上昇，血糖値の上昇，③体温・血圧の再下降，リンパ器官の萎縮，死亡といった深刻な状態を呈するとされている。

ただ，一方であらゆるストレスに害があるというわけではないことは，先に述べたとおりである。ホームズとレイエ（Holmes & Rahe, 1967）のライフ・チェンジ・ユニットでは，①身近な人との死別や離別が強いストレッサーになること，②転居や転職など，移動や生活の変化がストレッサーになること，③昇進や祝い事など，一般にポジティブに受け取られることもストレッサーになることが示されている。しかし，これらはいうまでもなく，強いストレッサーになる一方で，それがそれを受けた人にとっての，新たな挑戦と成長の機会にもなりうるのである。

特に心理・社会的ストレッサーについては，視点の置き方によってさまざまな整理の仕方が考えられるが，表1.3に示したものでは人間関係での問題をま

表1.3　心理・社会的ストレッサー

1．人間関係での問題
　　親子，同胞，夫婦，上司と部下，同僚間の関係
　　友だち（いじめ），生徒-教師間の問題
2．役割上の問題
　　家庭：父，母，夫，妻としての役割の負担，あるいは欠如
　　職場：能力以上あるいは能力以下の仕事内容
　　役割喪失（失業，退職，子どもの自立）
　　過酷なノルマ，学業成績と進学問題
3．さまざまな欲求の阻害
　　性欲，所有欲の阻害
　　支配欲，権力欲の阻害
　　良心にもとる行為（倫理観）
4．環境の問題
　　騒音，不十分な住環境
　　テクノストレス

（河野友信・吾郷晋浩（編）『ストレス診療ハンドブック』メディカル・サイエンス・インターナショナル，1990より改変）

ず抽出し、さらに役割上の問題、欲求の阻害によって生じる問題、環境上の問題の四つに大別してある。

ごく最近になって、心理・社会的な圧力がかかり、ストレス反応が生じたときに、そこからいかに回復するかという点に、注目が集まっている。そこでは、レジリエンス（resilience；弾性、回復力）の概念が検討され、またさらには、ストレス状況からの成長についてポスト・トラウマティック・グロウス（Post-Traumatic Growth；PTG）という概念も確立している。

アメリカにおいてPTGの先駆的な研究を進めているカルホーンとテデスキー（Lawrence G. Calhoun & Richard G. Tedeschi）は、その著書（2006）の中で次のように述べている。

「念のために触れておくのだが、困難な生活上のストレスを経験した、多くのあるいはほとんどの人々が、文献的にも今やよく知られているような、心身のネガティブな状態を呈する傾向にある、ということを忘れてはならない。トラウマに対処する過程での成長の可能性について重点を置くことは、調査者がネガティブなものを無視し、ポジティブなものだけを理解しようとすることによって、誤った結論を導く可能性を大きくしてしまう。そうした見方は間違っている。間違いなく、ネガティブな出来事は、多くの人々にとってネガティブな結果を生む傾向があるのである。しかし、逆説的なことに、これまでの調査データは、多くの人々にとって非常にネガティブな出来事との遭遇はまた、ポジティブな心理的な変化を生み出すことができる、ということを示している。」

わが国においても、すでにPTGに関心を持って研究が進められているが、中でも宅香菜子（Taku, 2008）は死別を経験した日本の大学生を対象として、「日本語版-外傷後成長尺度」を用いた先駆的な調査研究を発表している。

6 挑戦

実存主義哲学の旗手サルトル（Jean-Paul Sartre）は、かつてその著書の中で「人間は自由である。人間は自由そのものである」と、高らかにうたい上げた（Sartre, 1955）。そして、自由に自分の望む方向に進んでいけばよいのだが、その方向に進めば必ず成功に至るという保証はない。そこには不安がつ

きまとう，とも述べている。そのことを，「人間は自由の刑に処せられている」と表現している。そして，その意味をさらに説明して次のように述べている。

「刑に処せられているというのは，人間は自分自身を作ったのではないからであり，しかも一面において自由であるのは，ひとたび世界のなかに投げだされたからには，人間は自分のなすこと一切について責任があるからである。」

1950年代，そして60年代と世界中で若者の力が沸騰した時代に，こうしたサルトルの自由と不安の背中合わせになった思想は，私たちの前に挑戦的につきつけられたのであった。21世紀の現代に生きる人々は，こうした不安と背中合わせの自由とともに挑戦的に生きるのか，それとも決まりきったレールに身を任せて生きていくのか，その両極端な生き方を選択するよう迫られているように思われる。

もちろん，内発的な動機づけにしたがって挑戦する場合もあれば，前項でみてきたように，なんらかの圧力にしたがって挑戦せざるを得ない場合もあろ

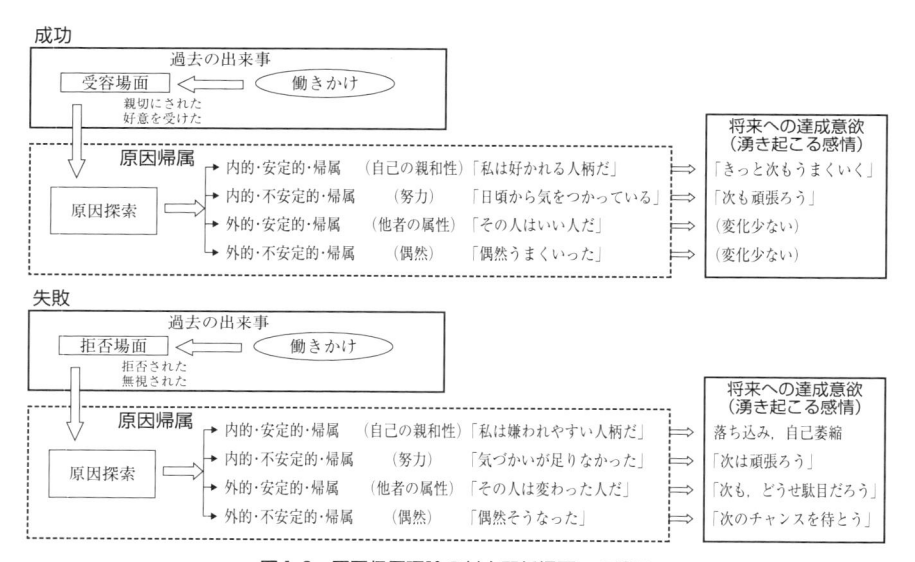

図1.3　原因帰属理論の対人関係場面への適用

（楡木佳子「女子非行少年の帰属スタイルと自尊感情」『カウンセリング研究』39(2)，99-112，2006
『カウンセリング研究』第39巻第2号より許可を得て転載）

う。「這えば立て，立てば歩め」の例えどおり，挑戦が少なからず成功をもたらすと，それが新たな圧力を生み，その結果，さらなる挑戦が行われるという，好ましい循環が生じる場合もある。一方で，成功は自己意識への刺激をおこない，自己効力感を増進させるという効果もある。

　自己効力感は，バンデューラ（Albert Bandura）の社会的学習理論の中核的な概念であるが，それは二つの水準からなっているという（成田ら，1995）。一つは臨床や教育の場面で，ある事態に対して自信を持つことができる感情であり，もう一つは「より一般化した日常場面における行動に影響する自己効力感」で，「ある種の人格特性的な認知傾向」であろうと述べている。

　おそらく，なんらかの事態において挑戦した結果として成功体験が得られることを繰り返す中で，そうした特性的な自己効力感が育まれていくのであろうと推察されるのである。

　一方で，挑戦はしたけれど失敗するという事態も，当然にして起こりうる。そうしたときに，その原因をどのように認知するかによって，その失敗がその後の挑戦に対してプラスになることもあるし逆のこともありうる。「転んでもただでは起きない」とか，「七転び八起き」の例えのように，「挑戦→失敗＝さらに大きな成功」の公式はどのような場合に成立するのであろうか。

　こうした事態で重要な鍵となるのが，原因帰属のあり方であろう。失敗や成功の原因を，自分の側に求めるのか，それとも他者や環境といった外界に求めるのか，それらを内的帰属様式，外的帰属様式として区別するのが，帰属理論の考え方である。

　ここに示した図1.3は，女子非行少年と女子高校生の帰属様式を比較した，興味深い研究（楡木，2006）からの引用である。対人関係場面において，働きかけが成功した場合と失敗した場合について，その後の挑戦（この場合は達成意欲）との関係が詳細に描き出されている。

〈文献〉

Abel, E.L. & Kruger, M.L. (2006). Nicknames Increase Longevity. *Omega*, **53**(3), 243-248.

American Psychiatric Association（2003）. *Quick Reference to the Diagnostic Criteria from DSM-IV-TR*. American Psychiatric Association.（高橋三郎・大野裕・染矢俊幸（訳）『DSM-IV-TR 精神疾患の分類と診断の手引き　新訂版』医学書院，2003）

東清和・安藤智子「社会的自尊感情の測定――TSBI について」『早稲田大学教育学部学術研究（教育心理学編）』**46**，1-9，1998

Bandura, A.（1977）. Self-efficacy：Toward a Unifying Theory of Behavioral Chang. *Psychological Review*, 84(2), 191-215.

Berkman, L.F. & Breslow, L.（1983）. *Health and Ways of Living：The Alameda Country Study*. Oxford University Press, Inc.（バークマン，L.F. & ブレスロー，L.（著），森本兼曩（監訳）『生活慣習と健康』HBJ 出版局，1989）

Calhoun, L.G. & Tedeschi, R.G.（2006）. *Handbook of Posttraumatic Growth*. Lawrence Erlbaum Associates, Inc.

近森けい子・川畑徹朗・西岡伸紀「思春期のセルフエスティーム，ストレス対処スキルと運動習慣との関係」『学校保健研究』**45**(4)，289-303，2003

Coopersmith, S.（1958）. Determining Types of Self-Esteem. *Journal of Abnormal and Social Psychology*, **59**, 87-94.

Dweck, C.S., Caution…Praise can be dangerous. American Educator. *American Federation of Teachers*. Spring 1999.1・5.

遠藤辰雄・井上祥治・蘭千壽（編）『セルフ・エスティームの心理学――自己価値の探求』ナカニシヤ出版，1992

Friedman, L.J.（1999）. *Identity's Architect ; A Biography of Eric H. Erikson*. Simon & Schuster.（フリードマン，L.J.（著），やまだようこ・西平直（監訳）『エリクソンの人生――アイデンティティの探究者・上』新曜社，2003）

Fromm, E.（1956）. *The Art of Loving*. Harper & Brothers Publishers.（フロム，E.（著），鈴木昌（訳）『愛するということ』紀伊國屋書店，1991）

Harter, S.（1982）. The Perceived Competence Scale for Children. *Child Development*. **53**, 87-97.

速水敏彦『他人を見下す若者たち』講談社，2006

Helmreich, R. & Stapp, J.（1974）. Short forms of the Texas Social Behavior Inventory (TSBI), an objective measure of self-esteem. *Bulletin of the*

Psychonomic Society, **4(5A)**, 473-475.
Hewitt, J.P. (2005). The Social Construction of Self-Esteem. Edited by Snyder, C.R. & Lopez, S.J. *Handbook of Positive Psychology*. Oxford University Press.
Holmes, T.H. & Rahe, R.H. (1967). The social readjustment rating scale. *Journal of Psychosomatic Research*, **11**, 213-218.
井上祥治「セルフ・エスティームのその他の測定法の展開」遠藤辰雄・井上祥治・蘭千尋（編）『セルフ・エスティームの心理学──自己価値の探求』ナカニシヤ出版，1992 a
井上祥治「セルフ・エスティームの測定法とその応用」遠藤辰雄・井上祥治・蘭千壽（編）『セルフ・エスティームの心理学──自己価値の探求』ナカニシヤ出版，26-36，1992 b
伊藤　篤「柔軟なセルフ・エスティームと自立性」『児童心理』2007 年 7 月号，24-29，金子書房
James, W. (1890). *The Principles of Psychology*. Dover Publication, Inc.
川畑徹朗・西岡伸起・青木敏・島井哲志・近森けい子「思春期のセルフエスティーム，ストレス対処のスキルの発達と喫煙行動との関係」『学校保健研究』43(5)，399-411，2001
河地和子『自信力はどう育つか──思春期の子ども世界 4 都市調査からの提言』朝日新聞社，2003
木田恵子『喝采症候群』彩古書房，1986
近藤卓『見つめられ欲求と子ども』大修館書店，1990
近藤卓『生活カウンセリング入門』大修館書店，1998
近藤卓「家庭でどう常識を身につけさせるか」『児童心理』2004 年 8 月号，金子書房
近藤卓（編著）『いのちの教育の理論と実践』金子書房，2007
久保田まり「母子関係」青柳肇・杉山憲司（編）『パーソナリティ形成の心理学』98-117，福村出版，1996
Maslow, A.H. (1962). *Toward a Psychology of Being*. D. Van Nostrand Co. Inc. （マスロー，A.H.（著），上田吉一（訳）『完全なる人間──魂のめざすもの』誠信書房，1964）
股村美里「いのちの教育を評価する──自尊感情をはかる」近藤卓（編著）『いのちの教育の理論と実践』41-47，金子書房，2007

諸富祥彦『モンスターペアレント!?——親バカとバカ親は紙一重』アスペクト，2007
中間玲子「自尊感情の心理学」『児童心理』2007年7月号，12-17，金子書房
成田健一・下仲順子・中里克治・河合千恵子・佐藤眞一・長田由紀子「特性的自己効力感尺度の検討——生涯発達的利用の可能性を探る」『教育心理学研究』**43**，306-314，1995
楡木佳子「女子非行少年の帰属スタイルと自尊感情」『カウンセリング研究』**39**(2)，99-112，2006
Pope, A.W. et al.（1988）. *Self-esteem Enhancement with Children and Adolescents*. Pergamon Press. 3-4.
Rogers, C.R.（1942）. *Counseling and Psychotherapy*. Houghton Mifflin Company.（ロジャーズ，C.R.（著），佐治守夫（編）友田不二男（訳）『ロージァズ全集2　カウンセリング』岩崎学術出版社，1966）
ロジャース・バールズ・エリス，佐治守夫・平木典子・都留春夫（監修・翻訳）『ビデオ・グロリアと3人のセラピスト』日本・精神技術研究所，1980
Rosenberg, M.（1989）. *Society and the Adolescent Self-Image*. Wesleyan.
サルトル・J・P（著），伊吹武彦（訳）『実存主義とはなにか』人文書院，1955
新村出（編）『広辞苑』岩波書店，1960
曽我沙織・田中順子・鈴木洋美・近藤卓「『いのち』に関する短大生の意識——『いのちの教育』実践への予備調査」『学校メンタルヘルス』**4**，79-85，2001
諏訪哲二『オレ様化する子どもたち』中央公論新社，2005
Taku, K. et al.（2008）. The role of rumination in the coexistence of distress and posttraumatic growth among bereaved Japanese university students. *Death Studies*, **32**, 428-444.
Taylor, S.E. & Brown, J.D.（1994）. Positive Illusion and Well-being Revisited Separating Fact From Fiction. *Psychological Bulletin*, **116**(1), 21-27.
外山美樹・桜井茂男「自己認知と精神的健康の関係」『教育心理学研究』**48**，454-461，2000
山本眞理子（編）『心理測定尺度集Ⅰ』29-31，サイエンス社，2001

第2章　自尊感情の測定

I　社会的自尊感情と基本的自尊感情の測定

1　はじめに

　第1章でみてきたように，自尊感情は古くから心理学において注目されてきた概念である。また，その測定のための心理尺度も，クーパースミス（Coopersmith, 1958）やハーター（Harter, 1982），ポープ（Pope, 1988），さらにローゼンバーグ（Rosenberg, 1989）のものなど，よく知られているものだけでも数多く存在し，それらはわが国でも広く用いられている。ただ，それらの多くは，学校，家庭など特定の場面を想定して，そこでの自分自身への評価をたずねていたり，場面を特定せず全般的な自尊感情を測定しようとするものである。それに対して，筆者はすでに述べたように，自尊感情の概念を明確に成り立ちの異なる二つの部分からなるものと考え，それを実証するための尺度の開発が必要であると考えている。つまり，社会的自尊感情（Social Self Esteem；SOSE）と基本的自尊感情（Basic Self Esteem；BASE）という，概念的に独立した二つの領域を峻別して測定できる尺度が，今求められているのである。

　これまで考えられてきた自尊感情の概念でも，二つの領域が想定されているものもあるが，それらと筆者の考える二つの部分は根本的に異なった発想である。例えば，ローゼンバーグの尺度は10項目でできており，積極的な自尊感

情 5 項目と消極的な自尊感情 5 項目という二つの領域からなっているが，消極的な自尊感情の項目を逆転項目とみれば，1 因子構造と考えられるのである。

　リアリーら（Leary et al., 1995）は，状態自尊感情と特性自尊感情という二つの領域を想定している。状態自尊感情（State Self Esteem）とは「日々の生活のなかで必然的に変動するような自尊感情」であり，特性自尊感情（Trait Self Esteem）とは「状況や時間の流れを超えて，ある平均的な値を示すような自尊感情」であるという。社会的自尊感情は，その実態をみれば結果的には日々の生活の中で必然的に変動するかもしれないし，変動する可能性は少なくない。また，基本的自尊感情は，状況や時間の流れを超えて変化しにくい，あるいは変化が少ないものだと考えられる。そうした意味で，リアリーらの考えるものと，結果的に現れ方においては似たところがあるが，その概念の成り立ちについては根本的に異なるものだといわざるを得ない。

　また，状態自尊感情においてみられるような自尊感情の揺れに注目した研究もある。原田（2008）は，自尊感情の揺れやすい者とそうでない者の違いに注目して，それを広く自己概念との関係で明らかにしようとしている。そこでは，「随伴性自尊感情の領域」や「自尊心を支える根」（梶田，1980）の概念などを援用して，大学生を追跡調査し自尊感情の揺れを調べている。

　第 1 章でみてきたように，上に述べたもの以外にも，自尊感情の二つの領域に気づいているとみられる論文も散見されるが，明確な概念化には至っておらず，いまだ尺度として成立させるところまでは手がつけられていない。

　そこで本章では，明確に独立した概念としての SOSE と BASE を測定しうる尺度の開発と，その標準化について議論することとする。数年間にわたって筆者の研究室で実施してきた，予備調査と本調査の結果を，詳細に記述し検討する。具体的には，段階を踏んで 5 回の予備調査を大学生と小学生を対象として実施し，尺度の信頼性と妥当性の検討を中心として分析を積み重ねた。それを踏まえて，本調査は関東，関西，中国，四国地方の 8 つの小学校を対象として実施した。

2　予備調査

（1）予備調査1――基盤となる尺度の作成

関東地方のA大学において，大学生584名を対象として自記式質問紙による集合調査法を用いて2007年6月に調査を実施した。質問項目は，ローゼンバーグの10項目とハーターの21項目による31項目である。

その結果を，最尤法を用いて因子分析し，因子間の相関が想定されるのでプロマックス法を採用して斜交回転をおこなった。その結果から，共通性が0.2以下の項目を削除した上で固有値が1.0以上の7因子を選択した。さらに，二つの因子に0.3以上の負荷量を示す項目と，一因子に負荷していても負荷量が0.3以下のものを削除した。

これらの作業を繰り返した結果，共通性がいずれも0.3以上ある10項目が残ったので，スクリープロットの形状から5因子を採用し，最尤法・プロマックス回転を実施したところ，2項目ずつの5因子に分解された。因子間の相関も妥当なものとなった。

この第1因子と第2因子は，ローゼンバーグの尺度に含まれた4項目で基本的自尊感情の項目と命名できるものであった。第3因子は「運動」，第4因子は「勉強」，そして第5因子は「友だち」の項目であった。

ここで得られた10項目に，筆者自身のカウンセリングの臨床経験での，「生きていていいのだろうか」「生れてきてよかったのだろうか」といった問いかけから得られた，「自分は生きていていいんだと思います」と「生れてきてよかったと思います」の2項目を付け加えて12項目とした。さらに，虚偽項目として「自然は大切だと思います」「健康は大切だと思います」「うそをつくことはいけないことだと思います」の3項目を加えて，合計15項目からなる尺度を作成した。

（2）予備調査2――小学生データによる尺度の検討

予備調査1で得られた15項目からなる尺度をもとに，小学生を対象としてさらに検討を加えることとした。そこでまず，中国地方のA市立A小学校において，3～6年生237名を対象として教室における集合調査法によって，ロ

第2章　自尊感情の測定

表2.1　SOBA-SET（Social and Basic Self-Esteem Test）
社会的・基本的自尊感情尺度

■次の文章を読んで，自分の気持ちに一番ぴったりする答えのところに○をつけてください。

	とても そうおもう	そうおもう	そう おもわない	ぜんぜん そうおもわ ない
1　ほとんどの友だちに好かれていると思います。				
2　自然は大切だと思います。				
3　運動がにがてだと思われています。				
4　自分は生きていていいんだと思います。				
5　うそをつくことはいけないことだと思います。				
6　ほかの人と同じくらい頭がいいと思います。				
7　ほかの人と同じくらいに運動することができます。				
8　いつも自分は失敗ばかりだと思います。				
9　自分は役に立っていると思います。				
10　自分にはいくつかよいところがあると思います。				
11　友だちにきらわれやすいです。				
12　自分はもう少し背が高くてやせていたらいいと思います。				
13　ほかの人たちと同じくらいによいところがあると思います。				
14　勉強がよくできません。				
15　ときどき自分はだめだと思います。				
16　健康は大切だと思います。				
17　生れてきてよかったと思います。				

学年　　（_____）年生
年齢　　（_____）才
性別　　男子　・　女子

ーゼンバーグの10項目の尺度を筆者らが児童用に新たに翻訳したもの（股村，2007）を用いて，2007年6月に調査を実施した。

　全ケースで最尤法によって因子分析し，共通性の低い項目を除いた後プロマックス回転をかけ，さらに二つの因子に負荷する項目を除き，結果的に6項目が残った。第1因子は第3，9，10項目，第2因子は第1，2，7項目となった。共通性は0.35以上となり，第2因子までの累積固有値は64.6％，因子間相関は0.51となったので因子的妥当性はあると考えられた。

　しかし，第7項目の「自分はちゃんとしていると思います」は，小学校教員から児童がわかりにくいとの報告を受けていたことと，予備調査1の大学生のデータでは「勉強」因子に含まれたので削除し，予備調査1と同様に「生きていていいんだと思います」と「生れてきてよかったと思います」の2項目を加えて7項目とし，基本的自尊感情の尺度とした。

　社会的自尊感情の項目には，予備調査1の結果に加えて，ポープの尺度にある身体面の項目から「自分はもう少し背が高くてやせていたらいいと思います」を加えて7項目とした。前記の虚偽項目3項目を合わせて17項目とし，17枚の番号カードを袋に入れてシャッフルした後くじ引きをして項目順を決め，調査票を完成させSOBA-SETと名づけた（表2.1）。

　その際，「勉強」と「友だち」因子の2項目がそれぞれ肯定表現だったので，「勉強がよくできます」を「勉強がよくできません」に，「友だちに好かれやすいです」を「友だちにきらわれやすいです」に変更した。

（3）予備調査3——小学生データによるSOSEの妥当性の検討
1）　対象および調査方法

　対象は，四国地方B市立B小学校児童4，5，6年生，それぞれ10名，9名，14名の合計33名（男児19名，女児14名），同校教諭6名である。予備調査2で作成したSOBA-SETを改定して，2008年8月7日に集合調査法によって実施した。教諭による日常生活の評価シート（表2.2）は，2008年8月7〜10日に各教諭が個別に回答した。

　この評価シートは，SOBA-SETに含まれる下位尺度である，SOSEの妥当

第 2 章　自尊感情の測定

表 2.2　日常場面の評価シート

1．体育の成績は良いですか
2．外遊びを好みますか
3．学校以外でスポーツを習っていますか
4．読書を好みますか
5．授業態度は良いですか
6．全般的に成績は良いですか
7．友だちは多いですか
8．周りの友だちに好かれていますか
9．グループで頻繁に行動していますか

性を検討するために作成した質問紙である。先行研究の結果選定された，SOSE の 3 因子「友人」「運動」「勉強」から各 3 項目ずつの質問文を作成し，教諭に児童の日常場面を問う設定とした。「友人」因子では"友だちは多いですか？"，「運動」因子では"外遊びを好みますか？"，「勉強」因子では"読書を好みますか？"など全 9 項目である。回答の選択肢は，「とても当てはまる」の 5 から，「まったく当てはまらない」の 1 までの 5 段階評価とした。

　この評価シートは，教諭の主観によって児童の日常場面の評価を行うものである。評価の偏りを相殺するために，現担任と元担任の 2 名が評価をおこなった。これらの評価シートと児童の回答した調査票に共通の番号をつけることで，それぞれの結果を照合できるようにした。

2）　尺度の作成

　予備調査 2 で作成した 17 項目の調査票 SOBA-SET から，さらに分析と検討を加え，最終的に基本的自尊感情 6 項目，社会的自尊感情 6 項目，虚偽項目 6 項目の SOBA-SET-TR（表 2.3）とした。合計で 18 項目になり，3 項目ずつに区切り中央に虚偽項目を挟んだ。回答の選択肢は，「とてもそうおもう」の 4 から「ぜんぜんそうおもわない」の 1 までの 4 件法とした。

表2.3 SOBA-SET-TR
Social and Basic Self-Esteem Test-TR　社会的・基本的自尊感情尺度・改訂版

1．まず，次の項目におこたえください。
(1) 学年（　　　）年生　　(2) 年齢（　　　）才　　(3) 性別（　男子　・　女子　）

2．次の文章を読んで，自分の気持ちに一番ぴったりする答えのところに○をつけてください。

	とてもそうおもう	そうおもう	そうおもわない	ぜんぜんそうおもわない
1　ほとんどの友だちに，好かれていると思います。				
2　自然は大切だと思います。				
3　運動は得意なほうだと思います。				
4　自分は生きていていいのだ，と思います。				
5　うそをつくことは，いけないことだと思います。				
6　ほかの人より，頭が悪いと思います。				
7　ほかの人より，運動がへただと思います。				
8　悪いときには，あやまるべきだと思います。				
9　なにかで失敗したとき，自分はだめだなと思います。				
10　自分はこのままではいけない，と思います。				
11　きまりは守るべきだと思います。				
12　友だちが少ないと思います。				
13　自分には，良いところも悪いところもあると思います。				
14　しつけは大切だと思います。				
15　ほかの人より，勉強がよくできると思います。				
16　ときどき，自分はだめだなと思います。				
17　健康は大切だと思います。				
18　生れてきてよかったと思います。				

3）　結果

　a．データの処理

　調査票の回収：SOBA-SET-TR（児童）

回収率100％（33/33 枚）　有効回答 33/33 枚
日常場面評価シート（教諭）
回収率100％（66/66 枚）　有効回答 65/66 枚

SOBA-SET-TR は，合計得点が高いほど自尊感情が高いことを示す。質問項目 6，7，9，10，12，16 は逆転項目のため，点数を逆転したのちに分析をおこなった。日常場面の評価シートも同様に，合計得点が高いほど社会的自尊感情が高いことを示す。こちらは逆転項目を設定していない。

b．各得点の男女差

基本的自尊感情（BASE）と社会的自尊感情（SOSE）の二つを合計した平均値，BASE のみの平均値，そして SOSE のみの平均値をそれぞれ導いた。BASE と SOSE を合計した平均値においては，男子は 2.90，女子は 3.01 の値を示した。BASE のみの平均値では，男子は 2.98，女子は 3.04，SOSE のみの平均値では，男子は 2.83，女子は 2.97 となった。それぞれの平均値の差について t 検定を行った結果，いずれも男女間の差は有意ではなかった。

c．各得点の学年差

上述したように，男女の平均値に有意差はなかったので，男女を合算して学年間で平均値に差があるかを調べることとした（図 2.1〜3）。

3 学年間の差が，統計的に有意な差かどうかをみるために，分散分析をおこなった。SOSE についてのみ，学年間で有意差がみられた（$p<.037$）。そこで，多重比較をおこなったところ，4 年生と 5 年生間，5 年生と 6 年生間では有意差はなく，4 年生と 6 年生間でのみ有意な差がみられた（$p<.029$）。

4）　考察

a．因子的妥当性について

最尤法，プロマックス回転で因子分析をおこなったところ，表 2.4 に示したように 4 因子が抽出された。第 1 因子を「積極的自尊感情・友人」，第 2 因子を「消極的自尊感情」，第 3 因子を「運動」，第 4 因子を「勉強」と命名した。

Ⅰ　社会的自尊感情と基本的自尊感情の測定

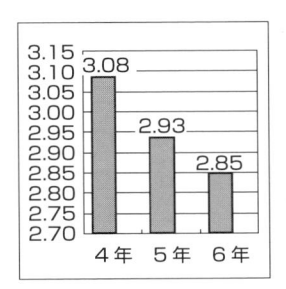

図2.1　学年の平均差（SO＝BA合計）
■ SO-BA 平均値
4年 3.08／5年 2.93／6年 2.85

図2.2　学年の平均差（SOSE）
■ SOSE 平均値
4年 3.13／5年 2.92／6年 2.68

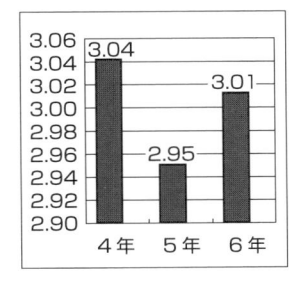

図2.3　学年の平均差（BASE）
■ BASE 平均値
4年 3.04／5年 2.95／6年 3.01

表2.4　SOBA-SET-TR の因子分析結果

		1	2	3	4
18	生れてきてよかった	0.741	−0.083	−0.041	−0.288
12	友だちが少ない	0.708	0.178	−0.226	0.118
13	良いところ悪いところ	0.689	−0.168	−0.062	0.055
1	友だちに好かれている	0.657	0.032	0.175	0.152
4	生きていていいのだ	0.536	0.068	0.308	0.113
9	失敗したときだめだな	−0.182	0.959	−0.010	0.116
16	自分はだめだな	0.096	0.675	0.125	−0.023
10	このままではいけない	0.053	0.672	−0.054	−0.117
3	運動は得意	−0.054	−0.108	1.051	−0.057
7	運動が下手だ	−0.016	0.301	0.701	−0.052
15	勉強がよくできる	−0.062	−0.190	0.065	0.989
6	頭が悪い	0.101	0.189	−0.197	0.547

因子抽出法：最尤法
回転法：Kaiser の正規化を伴うプロマックス法

「友人」の項目は，「積極的自尊感情」とともに第1因子に含まれた。したがって，「友人」は SOSE の項目ではあるが，BASE に近い意味を含んでいることを示唆しているといえよう。

このように，SOBA-SET-TR は因子構造が明確で理論にも合致しており，

基本的自尊感情と社会的自尊感情を測定する尺度として，因子的妥当性があるといえよう。

　b．行動評定による妥当性について

　担任教諭と元担任教諭による，児童それぞれの日常場面の評価得点の合計と平均値を導いた。まず，現担任と元担任の平均の相関は.932（p＜.01）と高い値を示した。つまり，現担任と元担任による児童それぞれに対する評価は，ほぼ一致しているといえよう。

　次に，児童によるSOSE得点と，現担任による評価得点の相関係数をみると.497であり，1％水準で有意な関係であった。また，児童によるSOSE得点と元担任による評価得点の相関係数も，同様に.476となり1％水準で有意な関係であった。この結果から，SOSEの項目は社会的自尊感情を測定できているといえるであろう。

　c．結果について

　今回の調査から，SOSEについては学年によって差があり6年生が有意に低く，BASEについては学年による差はないという結果になった。

　このことは，これまでいわれてきた小学校中学年から高学年へと学年が上がるにつれて，自尊感情が下がるという事実と一部で合致する。つまり，筆者らが主張してきたように，これまで一般に議論されてきた自尊感情は，社会的自尊感情あるいは社会的自尊感情に重なる部分の多い自尊感情であることが推察される。

　同時に，筆者らが主張してきたように，BASEは一度形成されると成長や環境・状況の変化によって影響を受けにくいことが示されたといえよう。

5）　まとめ

　今回の調査は，あくまでも小学生用自尊感情尺度開発のための予備調査であったが，SOSEとBASEによって構成される尺度についての一定の見通しを得ることができた。その成果としては，まず因子的妥当性と行動評定による妥

当性が検討できた点が挙げられる。二つ目の成果は，理論どおりSOSEは環境や状況に支配され，BASEは比較的安定しているということが，今回の結果から確認された点である。

　ただ，今回の調査は地域的にも対象数においても限定的であったので，さらに地域を広げ，また対象数を増やすことによって予備調査を重ね，本調査へとつなげていく必要がある。

(4) 予備調査4――大学生データによる信頼性と妥当性の検討
1)　対象と方法

　関東地方のA大学において，授業時間を用いて，2008年6月に集合調査法によってSOBA-SET-TRを実施した。対象学生数は，143名（男子58名，女子83名，不明2名）であった。学年は，1年生20名，2年生48名，3年生44名，4年生27名，不明が4名であった。平均年齢は20.0歳で，標準偏差は1.20であった。

2)　結果
　a．男女差の検定

　全18項目のうち，BASE 6項目，SOSE 6項目，虚偽項目6項目について，それぞれの得点合計の男女の平均値の差をt検定で検討した結果，表2.5のとおりいずれも有意な差は確認できなかった。そのため，以後の分析について，男女を合わせた全体の143名のデータで進めていくこととした。

表2.5　BASE・SOSE・虚偽項目の男女差

	男子	女子	t値	有意確率
BASE	15.40 (3.12)	15.77 (2.19)	−0.84	0.40
SOSE	14.98 (2.98)	14.39 (2.47)	1.30	0.20
虚偽項目	20.29 (2.29)	20.36 (2.13)	−0.18	0.86
合計得点	50.67 (6.16)	50.56 (4.81)	0.12	0.90

b．因子構造の確認

全18項目で因子分析（主因子法・プロマックス回転）したところ，表2.6に示したように固有値が1以上の因子として6因子が抽出された。虚偽項目は，第1因子に4項目，第5因子に2項目がまとまる形になった。BASE項目は，第2因子と第4因子にまとまったが，第4因子にはSOSEの「友だち」項目が含まれた。他のSOSE項目は，「運動」が第3因子に，「勉強」が第6因子にまとまる形となった。

つぎに，六つの虚偽項目を除いた残りの12項目で，上と同様な手順で因子分析を実施した。その結果，固有値1以上で因子数を決定するならば4因子となるが，スクリープロットの形状から5因子がふさわしいと判断して，主因子

表2.6　SOBA-SET-TR（前18項目）の因子分析結果

	1	2	3	4	5	6
健康は大切だ	0.731	0.151	−0.006	−0.029	−0.108	−0.071
自然は大切だ	0.717	0.027	0.057	−0.062	−0.040	0.097
しつけは大切だと思う	0.613	−0.083	−0.066	−0.116	0.118	0.089
悪いときは謝るべき	0.363	−0.152	−0.088	0.171	0.361	−0.133
生きていていい	−0.144	1.004	0.003	−0.002	0.017	0.071
生まれてきてよかった	0.216	0.704	−0.074	0.069	−0.088	−0.105
良い面も悪い面ある	0.268	0.406	0.029	−0.113	0.113	0.009
運動は得意な方	0.054	−0.081	0.931	−0.054	0.036	−0.031
他の人より運動が得意	−0.077	0.040	0.860	−0.033	−0.026	0.006
失敗を駄目だと思わない	0.054	−0.078	0.045	0.667	−0.267	0.070
自分を駄目と思わない	−0.082	−0.027	−0.051	0.648	0.060	−0.011
自分はこのままでいい	−0.136	0.071	−0.114	0.607	−0.045	−0.006
友達は少なくない	0.007	0.175	0.163	0.379	0.298	−0.067
友達に好かれている	0.107	0.021	0.038	0.298	0.282	0.228
決まりは守るべき	−0.065	0.024	−0.022	−0.165	0.678	0.164
嘘をつくことはいけない	0.020	0.009	0.060	0.010	0.566	−0.158
他人より勉強できる	0.001	−0.018	−0.096	−0.042	0.128	0.750
他の人より頭がいい	0.102	0.022	0.108	0.125	−0.203	0.570

I 社会的自尊感情と基本的自尊感情の測定

法で5因子に固定して分析した。因子間の相関が想定されているので，プロマックス回転を実施した。

その結果，表2.7に示したようにBASEは第1と第3因子に3項目ずつまとまり，「運動」「勉強」「友だち」がそれぞれ第2，第4，第5因子にまとまる形で整理された。

表2.7 SOBA-SET-TR（12項目）の因子分析結果

	1	2	3	4	5
生きていていい	0.926	0.002	0.065	0.083	−0.091
生まれてきてよかった	0.798	−0.040	0.007	−0.059	0.028
良い面も悪い面ある	0.495	0.036	−0.163	−0.011	0.112
運動は得意な方	−0.035	0.908	−0.047	−0.034	0.037
他の人より運動が得意	0.033	0.858	−0.009	0.041	−0.034
失敗を駄目だと思わない	−0.095	0.076	0.742	0.070	−0.047
自分を駄目と思わない	−0.048	−0.054	0.634	−0.074	0.091
自分はこのままでいい	0.040	−0.099	0.578	0.018	−0.008
他人より勉強できる	−0.030	−0.110	−0.088	0.649	0.128
他の人より頭がいい	0.038	0.135	0.119	0.636	−0.019
友達に好かれている	−0.011	−0.040	−0.033	0.181	0.721
友達は少なくない	0.150	0.098	0.147	−0.167	0.530

因子相関行列

因子	1	2	3	4	5
1	1	0.228	0.451	0.064	0.409
2	0.228	1	0.240	−0.044	0.255
3	0.451	0.240	1	0.197	0.371
4	0.064	−0.044	0.197	1	0.086
5	0.409	0.255	0.371	0.086	1

因子抽出法：主因子法
回転法：Kaiserの正規化を伴うプロマックス法

3） まとめ

信頼性係数（クロンバックの α）を算出したところ $\alpha=.757$ という十分に高い値が得られた。また，下位尺度ごとに信頼性係数を算出したところ，BASE で $\alpha=.711$，SOSE で $\alpha=.589$ と十分な値が得られた。したがって，大学生対象のデータによる SOBA-SET-TR の信頼性は確認されたといえる。

また，因子分析の結果から，5因子構造で SOSE と BASE が理論に沿った形で整然とまとまりをみせていることから，因子的妥当性も確認されたといえるであろう。

（5） 予備調査5──小学生データによる妥当性と信頼性の検討

1） 対象と方法

関東地方の C 市立 C 小学校において，2008年12月に5年生の全4クラスで集合調査法によって自記式質問紙による調査を実施した。対象数は144名（男子77名，女子67名）で，回収率は100％であった。この調査では，教室に各担任も在室していたが調査票の配布や回収には一切関わらず，筆者自身が5年1組へ出向き，2組から4組までは大学院生と学部4年生が出向き，教示と配布・回収をおこなった。

2） 調査票の構成

フェイスシートは，学年，年齢，性別のほか家族の人数をたずねた。それ以外の質問内容は，1）日常生活における共有体験の程度を問うための「共有体験評価シート」10項目，2）SOBA-SET-TR の18項目，3）特性不安尺度の20項目である。

共有体験の程度を評価するために，深谷夫妻監修によるベネッセ教育研究所（深谷，1996，1997，1999，2000），内閣府（2007）による調査などを参考として，表2.8 に示したような「共有体験評価シート」を作成した。これは，"夕食を家族といっしょに食べています" など家族との共有体験の領域，"放課後，友だちと遊びます" など学校での共有体験の領域，"近所の人とおしゃべりします" などその他の場面での領域の計10項目で構成されている。回答の選択

Ⅰ　社会的自尊感情と基本的自尊感情の測定

表 2.8　共有体験評価シート

1．夕食を家族といっしょに食べています。
2．家族で買い物に出かけます。
3．家族で食事に出かけます。
4．授業以外に，先生とおしゃべりをします。
5．放課後，友だちと遊びます。
6．休みの日，友だちと遊びます。
7．家族でおしゃべりをします。
8．家の中より，外で遊ぶほうが好きです。
9．小さいころからよく外で，家族といっしょに遊んでいます。
10．近所の人とおしゃべりをします。

肢は，「よくある」から「ない」までの4件法とした。

　特性不安の尺度は，児童用状態-特性不安尺度の日本語版を用いた（表2.9）。この尺度はスピールバーガー（Spielberger）らの the State-Trait Anxiety Inventory for Children（以下，STAICと略）をオリジナル尺度として，曽我（1983）によって標準化された尺度である。状態不安とは，ある不安を喚起するような場面において高まるものであり，特性不安とはそうした一時的な状況には左右されず，比較的安定したレベルを持ったものと考えられている。本研究では，基本的自尊感情という比較的安定した心理特性との関係をみる目的で用いるので，特性不安尺度を用いることとした。

　この尺度は，全20項目からなっており，「とてもそうだ」から「ぜんぜんそうでない」までの4件法で答えるようになっている。

3）　結果
a．因子構造の確認

　虚偽項目を除いた残りの12項目で，因子分析を実行した。固有値が1.0以上となるように，4因子を採用することとした。4因子までの累積寄与率は68.18％と十分な値を示している。

　主因子法で4因子を抽出しクォーティマックス法で回転をかけたところ，5

第 2 章　自尊感情の測定

表 2.9　特性不安尺度（STAIC より）

1．まちがいをしないかと，気になります。
2．泣きたいような，気持ちになります。
3．なにをしても，うまくいかないような，気がします。
4．なかなか決心がつきません。
5．むずかしいことから，にげようとします。
6．いろいろと気にしすぎます。
7．家にいるときでも，気持ちが落ちつきません。
8．はずかしがりやです。
9．なにか，不安な気がします。
10．小さなことでも，くよくよ考えてしまいます。
11．学校のことが，気になります。
12．どうしたらよいか，なかなかきめられません。
13．心臓がどきどきするのがわかります。
14．心の中でいろいろ気にすることがあります。
15．お父さんやお母さんのことが，気になります。
16．手にあせをかきます。
17．なにかおこらないかと，気になります。
18．夜，なかなかねむれません。
19．おなかの調子が悪いような，気がします。
20．他の人が私をどう思っているのか，気になります。

(曽我祥子「日本版 STAIC 標準化の研究」『心理学研究』
54(4), 215-221, 1983)

回の反転で 4 因子に収束した（表 2.10）。第 1 因子と第 2 因子に BASE 項目がまとまったが，第 1 因子には「友だち」項目二つも含まれることとなった。予備調査 4 の大学生データでも，18 項目全体で因子分析した際には「友だち」は BASE 因子に含まれており，12 項目で 5 因子に整理された際にも「友だち」と BASE 因子は相関が高かった。

b．BASE と SOSE の分布状態

BASE と SOSE の度数分布をみるとほぼ正規分布となっており（図 2.4〜6），平均値，中央値，および最頻値は近似した値となっていた。したがって，

表 2.10 SOBA-SET-TR（12項目）による因子分析結果
回転後の因子行列

		因子			
		1	2	3	4
18	生れてきてよかった	0.789	0.027	−0.056	−0.027
4	生きていていいのだ	0.759	0.043	0.041	0.091
1	友だちに好かれてる	0.535	0.180	0.221	0.250
12	友だちが少ない	0.477	0.209	0.106	0.263
13	良い面も悪い面もある	0.317	−0.275	−0.054	0.315
10	このままでは駄目	−0.039	0.728	0.182	−0.023
16	時々自分は駄目だ	0.145	0.700	0.013	0.163
9	失敗した時駄目だと	0.191	0.588	0.021	0.055
6	他の人より頭が悪い	0.065	0.236	0.926	−0.028
15	他の人より勉強できる	0.133	0.051	0.697	0.191
7	他の人より運動下手	0.245	0.231	0.210	0.825
3	運動は得意なほう	0.350	0.074	0.025	0.651

因子抽出法：主因子法
回転法：Kaiser の正規化を伴うクオーティマックス法

このあとの分析においては代表値として平均値を用いることにする。
　また，各尺度の信頼性係数（クロンバックの α）を計算すると，SOSE が.729，BASE が.563 と十分な値を示した。

　c．BASE と SOSE の家族規模・日常の共有体験・特性不安との相関
　先行研究によれば，自尊感情と不安は負の相関を示すことが知られている（Ciarrochi, Chan, & Bajgar, 2001）。そこで，BASE と SOSE それぞれと特性不安との相関をみることとした。また，本書では，日常の共有体験によって基本的自尊感情が育まれるという理論的な仮説を設定していることから，それらの相関もみたところ，いずれの場合（BASE×特性不安・共有体験，SOSE×特性不安・共有体験）も 1 ％水準で有意な相関が得られた。また，BASE も SOSE も家族規模との相関はみられなかった。

第2章　自尊感情の測定

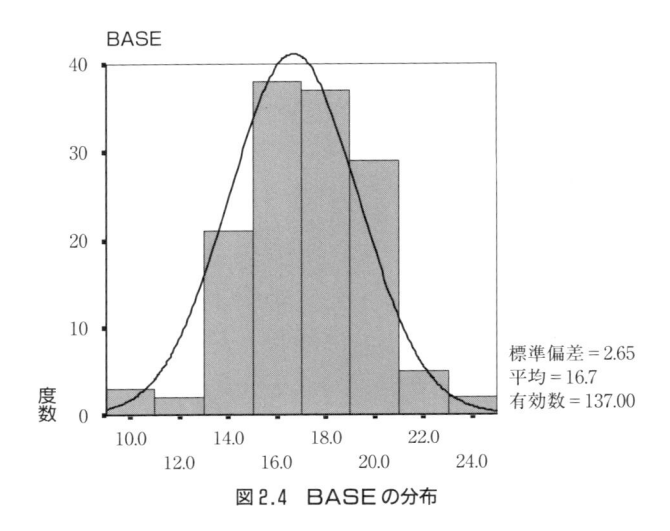

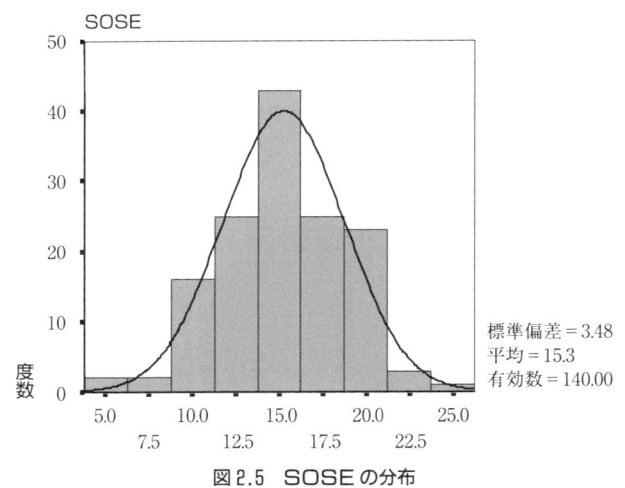

図2.4　BASEの分布

標準偏差 = 2.65
平均 = 16.7
有効数 = 137.00

図2.5　SOSEの分布

標準偏差 = 3.48
平均 = 15.3
有効数 = 140.00

d．BASEとSOSEの特性不安との関係

BASEの度数分布（図2.4）から，平均値（16.68）±標準偏差（2.65）を算出し，低群と高群に分けた。BASE低群は得点が9点から15点までの46ケース，高群は得点が19点から24点までの36ケースとなった。

Ⅰ 社会的自尊感情と基本的自尊感情の測定

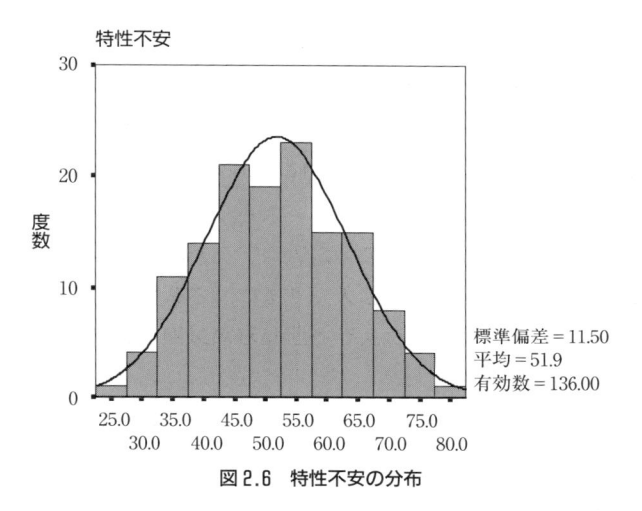

特性不安

標準偏差＝11.50
平均＝51.9
有効数＝136.00

図 2.6 特性不安の分布

表 2.11 BASE と特性不安の関係

		特性不安の低高		合計
		低	高	
BASE の低高	高	14	1	15
	低	1	18	19
合計		15	19	34

表 2.12 SOSE と特性不安の関係

		特性不安の低高		合計
		低	高	
SOSE の低高	高	9	6	15
	低	4	11	15
合計		13	17	30

　SOSE の度数分布（図2.5）から，平均値（15.25）±標準偏差（3.48）を算出し，低群と高群に分けた。SOSE 低群は得点が6点から12点までの35ケース，高群は得点が19点から24点までの27ケースとなった。

　特性不安についても同様（図2.6）に，平均値（51.88）±標準偏差（11.5）を算出し低群と高群に分けた。特性不安低群は，得点が26点から41点までの25ケース，高群は得点が63点から80点までの28ケースとなった。

　以上の群分けののち，まず BASE と特性不安についてクロス集計をおこなったところ，Peason の χ^2 値が 26.37（自由度1）（p＜.001）となり1％水準

で有意差のあることがわかった（表2.11）。つまり，BASEの高い群は特性不安が低く，BASEの低い群は特性不安が高い傾向があることになる。

次に，SOSEと特性不安についてクロス集計をおこなった（表2.12）。χ^2値は3.39（自由度1）（$p \geqq .05$）となり，有意差はみられなかった。つまり，SOSEが高いか低いかと特性不安には，関連がないことになる。

4） 考察

a．因子構造の確認について

因子分析（主因子法・クォーティマックス回転）を実施したところ，12項目が4因子構造にまとまりをみせた。第1因子は「生れてきてよかったと思う」「生きていていいのだと思う」「自分には良い面も悪い面もあると思う」というBASEの3項目がまとまったが，そこに「友だち」項目も二つ含まれ，全部で5項目となった。

他の予備調査でも同様な現象がみられたし，それらが分離した場合でも，因子間の相関は高い値を示した。友だちとよい関係を持っていることは，そのことをとおして共有体験の場面も増えることで，BASEを促進する意味があるのではないかと推測される。少なくとも，「友だち」項目とBASE項目は近い関係にあることは間違いがないようである。

第2因子は，「このままでは駄目だと思う」などのBASEの三つの逆転項目が入っている。第3因子と第4因子はそれぞれはSOSEの項目によって構成されている。前者は，二つの「勉強」項目であり，後者は二つの「運動」項目であった。

以上のように，BASEとSOSEが明確に浮き彫りとなっており，理論に合致した因子構造であるといえ，因子的妥当性が確認されたと考えられる。

b．BASEとSOSEの分布状態について

BASEとSOSEの平均値，中央値，最頻値をみると，ほぼ一致した値を示している。そのことはグラフからも明らかに読み取れ，ほぼ正規分布になっていることがわかる。それゆえ，以後の考察において，BASEとSOSEの低群

Ⅰ　社会的自尊感情と基本的自尊感情の測定

と高群を分ける際には，平均値±標準偏差でカットポイントを設定することとした。

　また，正規分布を示したことから，種々の統計的な検定に耐えうる尺度であると考えられる。さらに，BASE と SOSE の信頼性係数も確認してみたが，それぞれ.563 と.729 となったので，尺度として十分な信頼性を有していると判断できる。

　BASE では最低得点が 9 点であったのに対して，SOSE では 6 点が 2 名，7 点が 2 名と最低点に近い値を示したものが 4 名（約 3 ％）あったことは特筆に値する。6 項目からなる SOSE で 6 点ということは，全項目において「ぜんぜんそうおもわない」と回答したわけであり，「友だち」「勉強」「運動」のすべてにおいて自信を持てずにいるということになる。このような低得点児に対する指導が，まず急がれなければならないであろう。

c．BASE・SOSE と家族規模・日常の共有体験・特性不安との相関について

　BASE と SOSE の家族規模との相関をみてみたが，いずれも無相関であった。今回の調査では，倫理的な配慮から，家族構成について踏み込んだ質問はせず，ただ単に家族の人数をたずねたのみであった。調査を実施してみて，児童から質問が出たのは，実はこの家族の人数についてであった。

　筆者らは，単純に家族の人数を児童らはなんら思慮することなく書き込めるであろうと考えていた。しかし，現実には多様な家族構成が存在し，背景に複雑な事情を抱えている児童が少なくない。実際，「母親の恋人は家族に入れるのか」とか，「離婚した父親は家族に入れるのか」などの質問があった。

　こうした現状を考えると，家族の人数だけではなく，その実態によって家族との共有体験のありようは大きく異なるであろうことが推察される。そうした意味で，適切な方法で倫理的な問題をクリアできるならば，家族の具体的な構成を調べることで，より意味のある調査が可能となるであろう。

　つぎに，BASE と SOSE の日常の共有体験との相関をみたが，いずれも 1 ％水準で有意な相関がみられた。つまり，共有体験の得点が高いほど，BASE も SOSE も高い値を示したということである。ただ，共有体験との相関係数

は，BASE が .403 であったのに対して，SOSE とのそれは .293 とやや低い値を示した。

同様に，BASE と SOSE の特性不安との相関をみたが，いずれも 1％水準で有意な逆相関を示した。つまり，BASE と SOSE の得点が高いほど，特性不安得点は低い傾向があったということである。しかし，ここでも特性不安との相関係数は，BASE で－.594 であったのに対して，SOSE では－.315 とやや低い値を示した。

これらのことから，BASE だけでなく SOSE も他者との共有体験と無縁ではなく，また精神的な健康度と関係があることが示唆された。

d．BASE と SOSE の特性不安との関係について

BASE と SOSE の特性不安との関係をより詳しくみるために，それぞれについて高群と低群に群分けをおこないクロス集計を試みた結果，BASE では有意な差があり，SOSE では有意差はなかった。このことは，BASE および SOSE と特性不安との相関関数（－.594，－.315）の違いからも推測されたことである。

つまり，BASE 高群は特性不安が低く，BASE 低群は特性不安が高い。また，SOSE の高低は特性不安の高低と関係がみられないということである。このことは，筆者らの提示する理論とも合致しており，比較的安定的な感情である BASE と，状況や場面に左右されやすい感情である SOSE の特徴が現れているといえよう。今回の調査には盛り込まなかったが，状態不安の得点を調べれば，SOSE とのより強い関係をみることができたのではないかと考えられる。

e．この調査の限界と課題について

まず，対象数の少なさが第一の限界点である。例えば，BASE と特性不安のクロス集計では対象数が 34 ケースとなり，SOSE と特性不安のそれでは 30 ケースとなった。このように，群分けをした場合に，分析対象となるケース数の少なさが課題となる。

第二には，一つの小学校の5年生のデータであることから，地域性や学校や学年の特性が問題とされる。ただ逆にいえば，一つの小学校の5年生の全数調査をおこなったので，このA学校の5年生のデータとしては確かな結果である。

　本調査は予備調査としては5番目のもので，予備調査の最終段階としての役割は果たしたといえよう。つまり，考察で述べたような各傾向などは，それが算出できることを示すことに意義を見出すべきであって，そこで示された結果に意味を見出すべき性格のものではないであろう。

5）　まとめ

　この調査によって，明らかになったことは以下の3点である。まず第一に，12項目からなるSOBA-SET-TRは，因子構造が明確で妥当性・信頼性ともに一定の水準に達していると考えられる。第二に，SOBA-SET-TRを構成する，BASE（6項目）とSOSE（6項目）について，それぞれの得点分布はほぼ正規曲線を示しており，さまざまな統計的な分析に耐えうると考えられる。第三に，BASEとSOSEはそれぞれ日常の共有体験および特性不安と有意な相関を示した。BASEとSOSEをそれぞれ高群と低群に分けてより詳細にみると，BASEの高群は特性不安が低く，低群は特性不安が高いことがわかった。SOSEについては，そうした関係はみられなかった。

　このように，最後の予備調査として意味のある結果を得ることができたと考えられる。ここで確定したSOBA-SET-TRを用いて，次に本調査を実施したので，その結果を次節以降でみていくことにする。

3　本調査

（1）対象と方法

　調査対象校は，関東地方のD市立D小学校，関西地方のE市立の六つの小学校，中国地方のF小学校の，合計八つの小学校である。

　D市立D小学校は，東京都心から私鉄で30分ほどの距離にある駅から徒歩で10分ほどの，住宅街に囲まれた学校である。東京方面へ通勤している家庭

が比較的多く，新興住宅街の住民と旧来の住民とが混在した地域である。学校は大規模校で，児童数は約900名を数えている。6年前から，いのちの教育をテーマにして全校挙げて教育活動に取り組んでおり，その間D市教育委員会の研究指定も受けて実践研究をしてきた。

E市立の六つの小学校は，大阪の中心部から私鉄で30分ほどの距離にある，人口16万人ほどの住宅地と農地が混在した地域にある。六つの小学校のうち，3校は市の中心に近い地域にあり，他の3校は中心から離れた農山村部に位置している。

F市立F小学校は，中国地方の県庁所在地にあり旧市街地に位置する，比較的落ち着いた住宅街にある大規模校である。この学校では，3年前から道徳

表2.13　調査対象

学校	学年	クラス	児童数	無効回答数	有効回答数
関東地方D市立D小学校	6年生	4クラス	129	15	114
	5年生	4クラス	156	31	125
	4年生	4クラス	141	20	121
	全体		426	66	360
関西地方E市立6小学校	4年生	6クラス	179	23	156
	5年生	6クラス	175	24	151
	6年生	6クラス	201	37	164
	全体		555	84	471
中国地方F市立F小学校	6年生	3クラス	66	6	60
	5年生	2クラス	50	3	47
	4年生	2クラス	63	3	60
	全体		246	19	227
小学校全体			1227	169	1058

教育の研究として，いのちを大切にする子どもの育成に取り組んでいる。

調査対象は，表 2.13 に示したように全体で 1,227（有効回答数 1,058）で，学年としては 4 年生から 6 年生の，中学年から高学年の男女児童である。

(2) 調査票の構成

調査票は，大きく分けると①フェイスシート，②日常の共有体験，③ SOBA-SET の三つの領域からなっている。日常の共有体験は，全体で 10 項目からなり，家族，地域，学校でのさまざまな人々との日常的なかかわりの頻度についてたずねるものである。SOBA-SET は 18 項目からなっており，SOSE 項目，BASE 項目，偏位尺度項目の 6 項目ずつで構成されている。SOSE 項目と BASE 項目は，カード式のくじを作成してランダムな配列としたのち，偏位尺度項目をそれらの間に 3 項目おきに配置した。

調査票の冒頭には，この調査の目的と回答方法について説明し，児童が安心して回答できるように配慮した。調査票は，A3 の用紙を半分に折った形にし，折った表の表紙は調査の説明とフェイスシート，裏表紙は白紙になるように配置し，解答欄は折った用紙の内側にくるようにして，教室での回収の際のプライバシーの保護に配慮した。以下に，調査票を示す。

自分の気持ちアンケート・Ⅲ

これはテストではありません。アンケートでみなさんがふだんどのように考えているのかを調べて，学校生活や勉強に役立てるためのものです。
　名前は書かなくていいですから，思ったことを正直に答えてください。学年，年齢，男女の別（性別）を書いてから，質問に答えてください。
　　　　　　　　　　　　　　　　近藤 卓（東海大学文学部心理・社会学科教授）

学年　（　　）年生
年齢　（　　）才
性別　男子　・　女子

第2章 自尊感情の測定

問1 次の文章を読んで、あてはまるところに○をつけてください。

	よくある	ややある	あまりない	ない
1 夕食を家族と一緒に食べています。				
2 家族で買い物に出かけます。				
3 家族で食事に出かけます。				
4 授業以外に、先生とおしゃべりをします。				
5 放課後、友達と遊びます。				
6 休みの日、友達と遊びます。				
7 家族でおしゃべりをします。				
8 家の中より、外で遊ぶほうが好きです。				
9 小さい頃からよく外で、家族と一緒に遊んでいます。				
10 近所の人とおしゃべりをします。				

問2 次の文章を読んで、自分の気持ちに一番ぴったりする答えのところに○をつけてください。

	とてもそう思う	そう思う	そう思わない	ぜんぜんそう思わない
1 ほとんどの友達に、好かれていると思います。				
2 自然は大切だと思います。				
3 運動は得意なほうだと思います。				

I　社会的自尊感情と基本的自尊感情の測定

4	自分は生きていていいのだと思います。				
5	うそをつくことは，いけないことだと思います。				
6	他の人より，頭が悪いと思います。				
7	他の人より，運動がへただと思います。				
8	悪いときには，あやまるべきだと思います。				
9	なにかで失敗したとき，自分はだめだなと思います。				
10	自分はこのままではいけないと思います。				
11	きまりは守るべきだと思います。				
12	友達が少ないと思います。				
13	自分には，良いところも悪いところもあると思います。				
14	しつけは大切だと思います。				
15	他の人より，勉強がよくできると思います。				
16	ときどき，自分はだめだなと思います。				
17	健康は大切だと思います。				
18	生まれてきて良かったと思います。				

（3）結果

1） 偏位尺度項目によるケースの選択

今回実施したSOBA-SETは，偏位尺度項目を6項目含んでいる。これらの項目は，回答者の回答の偏り（質問への理解度，回答する際の態度など）を測定するもので，尺度得点が一定の水準より低い場合は，その結果の妥当性を疑う必要がある。

そこで，これらの項目の合計得点を計算し，一定の水準に達しないケースは分析から除外することとした。平均値は21.43で標準偏差は2.39であったが，6項目4件法の合計点で最頻値が24となっている（図2.7）。度数分布とヒストグラムを参照し，累積％が20前後となること，平均値から標準偏差を差し引いた値に近いことから20点をカットポイントとし，19以下のケースを除外し，20以上のケースを分析の対象とすることにした。分析対象ケース数は776（男子388，女子388）となった（図2.7）。

2） 共有体験，SOBA-SETの各質問項目の平均値

共有体験10項目の回答について，それぞれの項目ごとに平均値と標準偏差を算出した（表2.14）。因子構造はあとに触れるが，ここでは平均値の高い順に項目を整理してある。家族で食事をしたり話したりといった家族との体験に

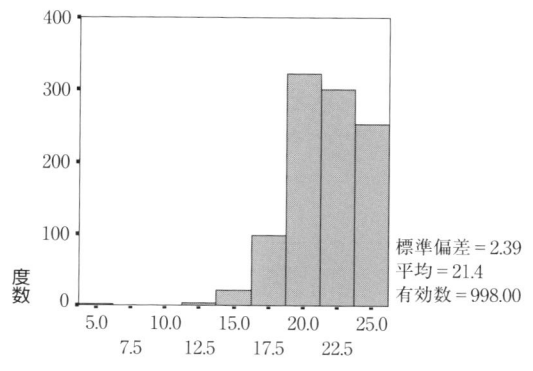

図2.7　偏位尺度項目度数分布のヒストグラム

混じって,「放課後,友達と遊ぶ」が3番目に高い頻度となっている。

SOBA-SET の12項目について,それぞれの質問項目ごとに平均値を算出して,値の高い順に整理した(表2.15)。BASE の6項目中3項目が上位を占

表 2.14 共有体験尺度の各質問項目の平均値

質問項目(平均値の降順)	平均値	標準偏差
夕食を家族と一緒に食べています	3.775	0.515
家族でおしゃべりをします	3.765	0.526
放課後,友達と遊びます	3.400	0.829
家族で買い物に出かけます	3.232	0.757
家の中より,外で遊ぶほうが好きです	3.078	0.906
家族で食事に出かけます	2.947	0.859
小さい頃からよく外で,家族と一緒に遊んでいます	2.933	0.902
休みの日,友達と遊びます	2.849	1.081
授業以外に,先生とおしゃべりします	2.669	0.946
近所の人とおしゃべりをします	2.646	0.986

表 2.15 SOBA-SET の各質問項目の平均値

質問項目(平均値の降順)	平均値	標準偏差
生まれてきて良かったと思います	3.750	0.554
自分には,良いところも悪いところもあると思います	3.626	0.554
自分は生きていていいのだと思います	3.601	0.610
逆転済み:友達が少ないと思います	3.091	0.925
運動は得意なほうだと思います	2.762	0.959
ほとんどの友達に,好かれていると思います	2.553	0.748
逆転済み:他の人より,運動がへただと思います	2.476	0.941
逆転済み:他の人より,頭が悪いと思います	2.260	0.928
他の人より,勉強がよくできると思います	2.168	0.843
逆転済み:なにかで失敗したとき,自分はだめだなと思います	2.015	0.904
逆転済み:自分はこのままではいけないと思います	1.954	0.903
逆転済み:ときどき,自分はだめだなと思います	1.870	0.806

め，逆転項目3項目が下位を占めており，SOSE の6項目がそれらにはさまれる形で中間の位置を占めている。

3） 共有体験と SOBA-SET の因子構造の確認

共有体験10項目について，因子分析をおこなった（表2.16）。主因子法によって因子の抽出をおこない，因子間の相関が想定されるのでプロマックス回転を適用した。その結果，3因子構造で収束した。第1因子は「友だちとの遊び」因子，第2因子は「家族との日常体験」因子，第3因子は「地域や学校で

表 2.16　共有体験の因子分析

質問項目	1	2	3
放課後，友達と遊びます	0.739	0.170	−0.177
休みの日，友達と遊びます	0.586	−0.110	0.102
家の中より，外で遊ぶほうが好きです	0.432	−0.110	0.185
家族で買い物に出かけます	−0.051	0.594	0.155
夕食を家族と一緒に食べています	0.013	0.512	−0.136
家族で食事に出かけます	−0.003	0.510	0.063
家族でおしゃべりをします	−0.089	0.285	0.274
近所の人とおしゃべりをします	0.092	−0.103	0.639
授業以外に，先生とおしゃべりをします	−0.034	0.016	0.426
小さい頃からよく外で，家族と一緒に遊んでいます	0.111	0.191	0.416

（主因子法，プロマックス回転）

因子相関行列

因子	1	2	3
1	1	0.246	0.282
2	0.246	1	0.547
3	0.282	0.547	1

I 社会的自尊感情と基本的自尊感情の測定

の体験」因子とそれぞれ名づけた。

　SOBA-SET の 12 項目について，因子分析をおこなった。主因子法で因子分析をおこない，スクリープロットおよび固有値 1.0 を基準に検討し，5 因子

表 2.17　SOBA-SET の因子分析

質問項目	1	2	3	4	5
逆転済み：なにかで失敗したとき，自分はだめだなと思います	0.799	0.063	−0.015	−0.031	−0.053
逆転済み：ときどき，自分はだめだなと思います	0.736	−0.005	−0.022	−0.002	−0.002
逆転済み：自分はこのままではいけないと思います	0.480	−0.114	0.027	0.014	0.114
運動は得意なほうだと思います	−0.088	0.881	−0.077	0.020	0.030
逆転済み：他の人より，運動がへただと思います	0.079	0.742	0.107	−0.012	−0.031
逆転済み：他の人より，頭が悪いと思います	0.033	−0.007	0.878	−0.001	−0.075
他の人より，勉強がよくできると思います	−0.052	0.015	0.667	0.003	0.113
自分は生きていていいのだと思います	−0.015	0.011	0.013	0.792	0.035
生まれてきて良かったと思います	0.039	−0.023	−0.003	0.735	−0.062
自分には，良いところも悪いところもあると思います	−0.104	0.091	−0.018	0.170	0.074
ほとんどの友達に，好かれていると思います	−0.007	−0.017	0.034	−0.027	0.779
逆転済み：友達が少ないと思います	0.176	0.092	−0.028	0.071	0.362

（主因子法，プロマックス回転）

因子相関行列

因子	1	2	3	4	5
1	1	0.311	0.378	0.335	0.303
2	0.311	1	0.252	0.324	0.465
3	0.378	0.252	1	0.217	0.314
4	0.335	0.324	0.217	1	0.364
5	0.303	0.465	0.314	0.364	1

を採用することとした。5因子までの累積寄与率は68.83％と十分な値を示している。これらの操作の後，因子間の相関が想定されるので，プロマックス回転を実施した。理論的にはSOSEとBASEの2因子構造になることが望ましいが，SOSEは「勉強」「運動」「友だち」の3つの領域からなっていること，BASEは半分の3項目が逆転項目であることから，5因子構造を受け入れることとした（表2.17）。

結果的に，第1因子（逆転項目群）と第4因子がBASEの因子で，第2（運動），第3（勉強），第5（友だち）がSOSEの因子であると考えられる。理論上は，第1因子と第4因子の合計6項目がBASE尺度を形成するので，その信頼性係数を算出したところ$\alpha=.628$となった。またSOSE尺度は第2，第3，第5因子の合計6項目からなるので，その信頼性係数を同様に算出したところ$\alpha=.696$となった。BASEとSOSEを合わせた尺度全体では，$\alpha=.753$であった。いずれも十分な値であると考えられる。

4）BASE得点，SOSE得点，共有体験得点の分布状態

SOBA-SETおよび共有体験について，それぞれの得点を算出した。SOBA-SETについては，BASE得点とSOSE得点は最高点が24点（4点×6項目），最低点が6点（1点×6項目）となる。共有体験得点は，最高点が40点（4点×10項目），最低点が10点（1点×10項目）となる。

これらBASE得点，SOSE得点および共有体験得点の統計値は表2.18のようになっている。それらの分布をみると，ほぼ正規分布を示している。したが

I 社会的自尊感情と基本的自尊感情の測定

表 2.18 BASE 得点，SOSE 得点，共有体験得点の統計値

		BASE 得点	SOSE 得点	共有体験得点
度　数	有効	776	776	748
	欠損値	0	0	28
平　均　値		16.816	15.309	32.011
中　央　値		17	15	32
最　頻　値		16	16	34
標準偏差		2.6197	3.3769	4.0571
最　小　値		8	6	14
最　大　値		24	24	40

表 2.19 BASE 得点と SOSE 得点の男女差

	性別	N	平均値	標準偏差	t 値	有意確率（両側）
BASE 得点	男性	388	16.977	2.681		
	女性	388	16.655	2.551	1.715	0.087
SOSE 得点	男性	388	15.869	3.344		
	女性	388	14.750	3.320	4.675	0.000

って，今後の分析においては代表値として平均値を用いることにする。

5）BASE 得点と SOSE 得点の男女差，学年差

　BASE 得点と SOSE 得点の男女差をみたところ，表 2.19 に示したように BASE 得点では差はなく，SOSE 得点において有意な差を示した（$t=4.675$, $p<.001$）。

　次に，BASE 得点の学年差をみたところ表 2.20 のようになり有意な差を示した（$F=19.507$, $P<.001$）ので，引き続き多重比較（表 2.21）をおこなった。

　表 2.21 にみるように，BASE 得点は 4 年生が 5 年生と 6 年生に比べて有意に高く，5 年生も 6 年生に比べて有意に高いという結果になった。いいかえれ

第2章　自尊感情の測定

表2.20　BASE得点の学年差

	度数	平均値	標準偏差	標準誤差	最小値	最大値
4年生	298	17.480	2.436	0.141	11	23
5年生	257	16.677	2.650	0.165	9	24
6年生	221	16.081	2.613	0.176	8	24
合　計	776	16.816	2.620	0.094	8	24

表2.21　BASE得点の学年差・多重比較（Tukey）

(I) 学年	(J) 学年	平均値の差 (I−J)	標準誤差	有意確率	95％信頼区間 下限	95％信頼区間 上限
4年生	5年生	0.803***	0.218	0.001	0.291	1.314
	6年生	1.398***	0.227	0.000	0.865	1.932
5年生	4年生	−0.803***	0.218	0.001	−1.314	−0.291
	6年生	0.596*	0.235	0.031	0.044	1.147
6年生	4年生	−1.398***	0.227	0.000	−1.932	−0.865
	5年生	−0.596*	0.235	0.031	−1.147	−0.044

＊＊＊；p＜.001，＊；p＜.05

表2.22　SOSE得点の学年差

	度数	平均値	標準偏差	標準誤差	最小値	最大値
4年生	298	16.007	3.460	0.200	7	24
5年生	257	14.852	3.299	0.206	6	23
6年生	221	14.900	3.205	0.216	6	24
合　計	776	15.309	3.377	0.121	6	24

表2.23 SOSE得点の学年差・多重比較（Tukey）

(I) 学年	(J) 学年	平均値の差 (I−J)	標準誤差	有意確率	95％信頼区間 下限	95％信頼区間 上限
4年生	5年生	1.154***	0.284	0.000	0.488	1.821
	6年生	1.106***	0.296	0.001	0.411	1.802
5年生	4年生	−1.154***	0.284	0.000	−1.821	−0.488
	6年生	−0.048 ns	0.306	0.986	−0.767	0.670
6年生	4年生	−1.106***	0.296	0.001	−1.802	−0.411
	5年生	0.048 ns	0.306	0.986	−0.670	0.767

***；$p<.001$，ns；non-significant

ば，学年が上がるにつれてBASE得点は順次下がっていくということになる。

次に，SOSE得点の学年差をみたところ表2.22のようになり有意な差を示した（$F=10.585$，$P<.001$）ので，引き続き多重比較（表2.23）をおこなった。

表2.23にみるように，SOSE得点は4年生が5年生と6年生に比べて有意に高く，5年生と6年生は差がないという結果になった。いいかえれば，学年が上がるにつれてSOSE得点が順次下がる傾向はあるが，5，6年生は差がないということになる。

6） 共有体験の男女差，学年差

共有体験得点の平均値を男女差で比べたところ，有意な差はみられなかった（表2.24）。

共有体験得点の平均値の差を学年間で比べたところ，表2.25に示したようになり有意な差がみられた（$F=5.114$，$p<.01$）。

そこで，多重比較を実施したところ，4年生と5，6年生間で有意な差が（$p<.01$，$p<.05$）みられたが，5年生と6年生には差がなかった（表2.26）。

第 2 章　自尊感情の測定

表 2.24　共有体験得点の男女差

	性別	N	平均値	標準偏差	平均値の標準誤差
共有体験得点	男性	369	31.919	3.870	0.201
	女性	379	32.100	4.235	0.218

表 2.25　共有体験得点の学年差

	度数	平均値	標準偏差	標準誤差	最小値	最大値
4 年生	288	32.601	3.973	0.234	21	40
5 年生	248	31.560	4.148	0.263	19	40
6 年生	212	31.736	3.985	0.274	14	40
合　計	748	32.011	4.057	0.148	14	40

表 2.26　共有体験得点の学年差・多重比較（Tukey）

(I) 学年	(J) 学年	平均値の差 (I−J)	標準誤差	有意確率	95％信頼区間 下限	95％信頼区間 上限
4 年生	5 年生	1.040**	0.350	0.008	0.219	1.861
	6 年生	0.865*	0.365	0.048	0.007	1.722
5 年生	4 年生	−1.040**	0.350	0.008	−1.861	−0.219
	6 年生	−0.175 ns	0.377	0.888	−1.062	0.711
6 年生	4 年生	−0.865*	0.365	0.048	−1.722	−0.007
	5 年生	0.175 ns	0.377	0.888	−0.711	1.062

＊＊；p＜.01，ns；non-significant

7)　BASE と SOSE の共有体験との関係性―男女差，学年差

　BASE および SOSE と共有体験の関係性をみるために，まずそれぞれについての高群と低群の 2 群分けを試みた。それぞれの統計値は，表 2.27 に示し

I　社会的自尊感情と基本的自尊感情の測定

表2.27　BASE・SOSE・共有体験の統計値

		BASE得点	SOSE得点	共有体験得点
度　数	有　効	776	776	748
	欠損値	0	0	28
平　均　値		16.816	15.309	32.011
中　央　値		17	15	32
最　頻　値		16	16	34
標準偏差		2.6197	3.3769	4.0571
最　小　値		8	6	14
最　大　値		24	24	40

表2.28　BASE・SOSE・共有体験の2群分け

		分割基準	N
BASE得点	高群	>19	193
	低群	<15	238
SOSE得点	高群	>18	193
	低群	<13	216
共有体験得点	高群	>35	209
	低群	<29	191

たようになっている。それぞれの値の度数分布を確かめた上でヒストグラムも確認したところ，ほぼ正規分布になっていたので，平均値と標準偏差を用いて群分けをおこなうこととした。

　つまり，「平均値−標準偏差」をカットポイントとし，それより小さい値をとる群を低群，「平均値＋標準偏差」をカットポイントとし，それより大きい値をとる群を高群とした。結果的に，対象数は表2.28のとおりとなった。

　まず，共有体験とBASEの関係をみたところ，図2.8のようになりχ^2値は12.605で，有意な関係がみられた（p<.001）。つまり，共有体験得点の高い群ではBASE得点も高く，共有体験得点の低い群ではBASE得点の低いもの

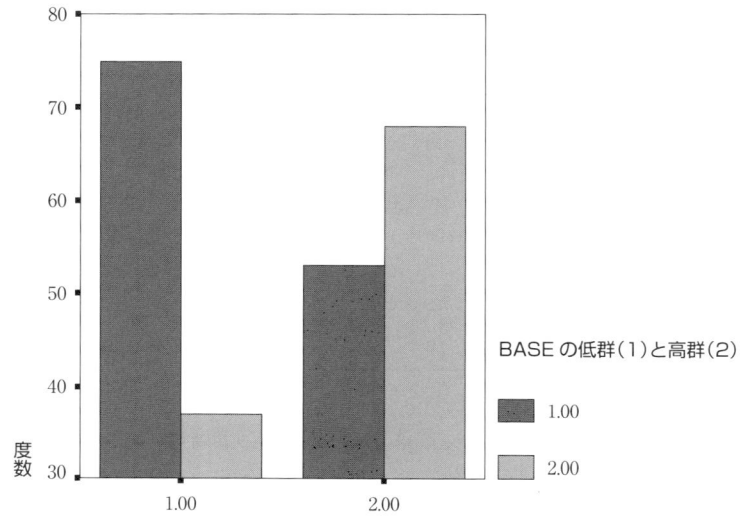

第2章　自尊感情の測定

図2.8　共有体験とBASEの関係　　（$\chi^2 = 12.605$, p<.001）

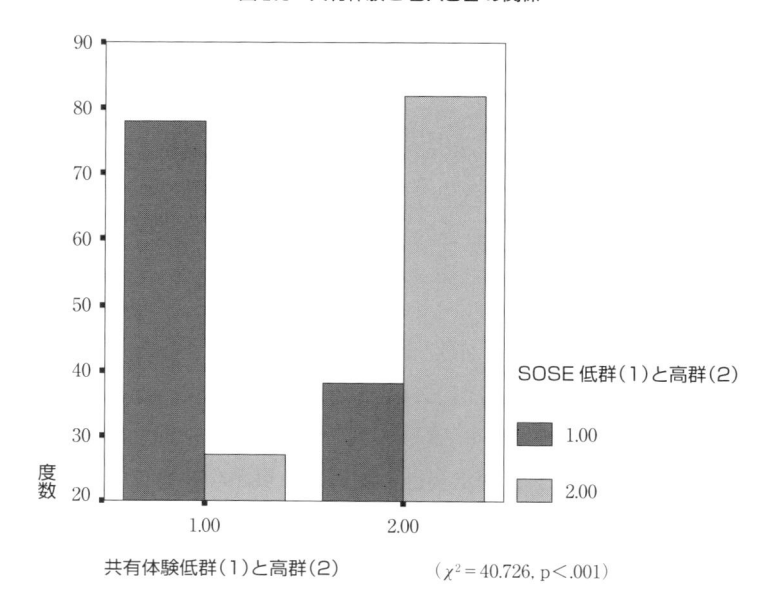

図2.9　共有体験とSOSEの関係　　（$\chi^2 = 40.726$, p<.001）

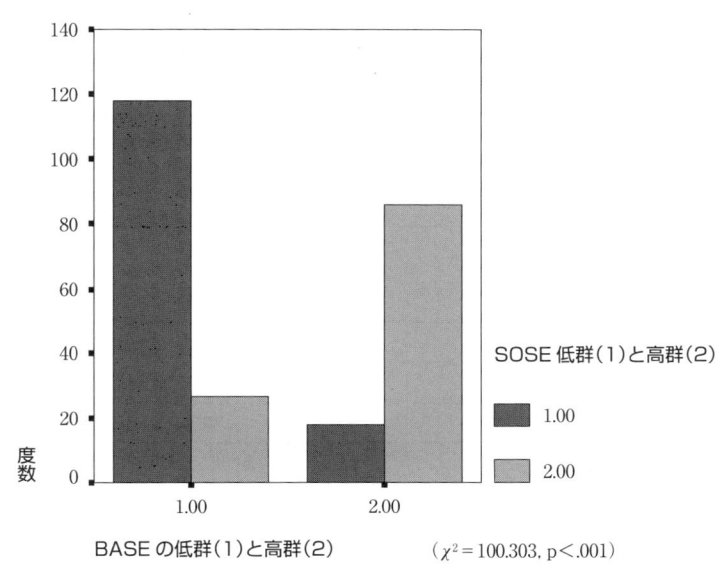

I 社会的自尊感情と基本的自尊感情の測定

図2.10 BASEとSOSEの関係

($\chi^2 = 100.303$, p<.001)

が多いということである。

次に、共有体験とSOSEの関係をみると図2.9のようになり、χ^2値は40.726で有意な関係がみられた（p<.001）。ここでもBASEの場合と同様に、共有体験得点の高い群では有意にBASE得点の高いものが多く、共有体験得点の低い群ではBASE得点の低いものが多かった。

次に、BASEとSOSEの関係をみると図2.10のようになり、χ^2値は100.303で有意な関係がみられた（p<.001）。つまり、BASE得点の高い群ではSOSE得点も高く、BASE得点の低い群ではSOSE得点が低いものが有意に多かった。

（4）考察
1）SOBA-SET、共有体験尺度の度数分布について

SOBA-SETのうち、偏位尺度項目の得点（最低点6、最高点24）については、平均値が21.43、標準偏差が2.39となり、最頻値が24となった。こう

した回答の偏りは想定どおりの結果で，先行研究（石川，1984）から抽出したものを中心として，決定・採用した6項目が適切なものであったことを物語っているといえよう。

その結果，20点をカットポイントとし，20以上のケースを分析の対象とすることにしたため，分析対象ケース数は776（男子388，女子388）となったが，分析に十分な対象数が得られたと考えられる。

一方で，偏位尺度得点が特に低い対象が約20％いたことを考えると，質問の文章の難易度についての検討，また受検態度の問題についての検討，さらには対象児童の性格の偏位についての検討も必要になってくると考えられる。

つぎに共有体験尺度について，回答の頻度をみたところ，家族との共有体験を中心として平均値が高く（上位6位までが平均値3.000以上），児童が思った以上に身近な人たちとさまざまな体験をしていることがうかがえた。ただ一方で，「近所の人とおしゃべり」，「授業以外に先生とおしゃべり」，「休みの日に友だちと遊ぶ」，「小さい頃から外で家族と遊ぶ」などについて，「ない」と答えた児童が相当数いたことは気にかかる点である。そうした体験においてこそ，自然な形でのふれあいをとおした，感情の共有がおこなわれるであろうと考えられるからである。

2）　因子構造について

今回の結果から，SOBA-SETの12項目について因子分析をおこなった結果，5因子構造となり，第1因子と第4因子がそれぞれ3項目ずつでBASE尺度，第2因子（運動），第3因子（勉強），第5因子（友だち）がそれぞれ2項目ずつでSOSE尺度となった。

しかし，各項目の因子負荷量をみると，第4因子に含まれたBASE項目の「自分には良いところも悪いところもあると思います」が0.170とやや低い値を示していた。そこで，あらためてこの項目を除外して，BASEの5項目とSOSEの6項目の合計11項目で因子分析を実施したものが表2.29である。

これをみると，第1因子が「運動と友だち」，第2因子が「BASEの逆転項目」，第3因子が「勉強」，そして第4因子が「BASE項目」となっている。

I 社会的自尊感情と基本的自尊感情の測定

表 2.29 SOBA-SET の因子分析（11 項目版）

質問項目	1	2	3	4
運動は得意なほうだと思います	0.921	−0.104	−0.096	−0.022
逆転済み：他の人より，運動がへただと思います	0.731	0.068	0.069	−0.047
ほとんどの友達に，好かれていると思います	0.287	0.045	0.164	0.116
逆転済み：友達が少ないと思います	0.260	0.184	0.037	0.136
逆転済み：なにかで失敗したとき，自分はだめだなと思います	0.038	0.808	−0.035	−0.052
逆転済み：ときどき，自分はだめだなと思います	0.001	0.721	−0.027	0.009
逆転済み：自分はこのままではいけないと思います	−0.063	0.487	0.049	0.042
他の人より，勉強がよくできると思います	0.039	−0.076	0.792	−0.003
逆転済み：他の人より，頭が悪いと思います	−0.039	0.067	0.757	−0.029
自分は生きていていいのだと思います	0.025	−0.033	−0.001	0.832
生まれてきて良かったと思います	−0.036	0.031	−0.030	0.695

因子相関行列

因子	1	2	3	4
1	1	0.345	0.315	0.373
2	0.345	1	0.393	0.352
3	0.315	0.393	1	0.269
4	0.373	0.352	0.269	1

第1因子の「友だち」項目の因子負荷量が0.287,0.260と,やや低い値ではあるが許容範囲と考えてよいであろう。

したがって,SOBA-SETの構成としては,BASE項目を5項目,SOSE項目を6項目とすることも考えられる。しかし,概念構成上は「自分には良いところも悪いところもある」と自らを受け入れる気持ちは,基本的自尊感情の重要な態度であると考えられるので,因子負荷量は低いがこれを除外せず12項目構成で議論を進めたいと考えている。

3) BASE,SOSE,共有体験の分布状態および男女差について

全体のBASE得点,SOSE得点の分布をみたところ,ほぼ正規分布となっていた。また,BASE得点とSOSE得点について男女差をみたところ,SOSE得点においてそれらの平均値に有意な差がみられた。

そこで,男女別にBASE得点とSOSE得点の平均値の学年差をみることにした。表2.30に示したように,男子ではBASE得点に学年間の有意差がみられた($F=8.498$, $p<.001$)。続いて,多重比較を試みると表2.31に示したように,4年生が6年生に比べて有意に高い値を示した($p<.001$)。

続いて,女子についてBASE得点とSOSE得点の学年差をみると,いずれ

表2.30 BASE得点とSOSE得点の学年差(男子)・分散分析

		平方和	自由度	平均平方	F値	有意確率
BASE得点	グループ間	117.444	2	58.722	8.489	0.000
	グループ内	2663.347	385	6.918		
	合計	2780.791	387			
SOSE得点	グループ間	66.996	2	33.498	3.026	0.050
	グループ内	4261.300	385	11.068		
	合計	4328.296	387			

I 社会的自尊感情と基本的自尊感情の測定

表2.31 BASE得点とSOSE得点の学年差（男子）・多重比較（Tukey）

従属変数	(I)	(J)	平均値の差 (I−J)	標準誤差	有意確率	95％信頼区間 下限	上限
BASE得点	4年生	5年生	0.601 ns	0.322	0.151	−0.158	1.359
		6年生	1.345***	0.326	0.000	0.577	2.113
	5年生	4年生	−0.601 ns	0.322	0.151	−1.359	0.158
		6年生	0.744 ns	0.334	0.068	−0.042	1.530
	6年生	4年生	−1.345***	0.326	0.000	−2.113	−0.577
		5年生	−0.744 ns	0.334	0.068	−1.530	0.042
SOSE得点	4年生	5年生	0.878 ns	0.408	0.081	−0.081	1.837
		6年生	0.851 ns	0.413	0.099	−0.120	1.823
	5年生	4年生	−0.878 ns	0.408	0.081	−1.837	0.081
		6年生	−0.027 ns	0.423	0.998	−1.021	0.967
	6年生	4年生	−0.851 ns	0.413	0.099	−1.823	0.120
		5年生	0.027 ns	0.423	0.998	−0.967	1.021

＊＊＊；$p<.001$　ns；non-significant

表2.32 BASE得点とSOSE得点の学年差（女子）・分散分析

		平方和	自由度	平均平方	F値	有意確率
BASE得点	グループ間	153.670	2	76.835	12.513	0.000
	グループ内	2364.052	385	6.140		
	合計	2517.722	387			
SOSE得点	グループ間	211.193	2	105.596	10.024	0.000
	グループ内	4055.557	385	10.534		
	合計	4266.750	387			

表 2.33 BASE 得点と SOSE 得点の学年差（女子）・多重比較（Tukey）

従属変数	(I)	(J)	平均値の差 (I−J)	標準誤差	有意確率	95％信頼区間 下限	上限
BASE 得点	4 年生	5 年生	1.011**	0.293	0.002	0.320	1.701
		6 年生	1.500***	0.317	0.000	0.755	2.245
	5 年生	4 年生	−1.011**	0.293	0.002	−1.701	−0.320
		6 年生	0.489 ns	0.330	0.300	−0.286	1.265
	6 年生	4 年生	−1.500***	0.317	0.000	−2.245	−0.755
		5 年生	−0.489 ns	0.330	0.300	−1.265	0.286
SOSE 得点	4 年生	5 年生	1.462***	0.384	0.000	0.558	2.367
		6 年生	1.549**	0.415	0.001	0.573	2.525
	5 年生	4 年生	−1.462***	0.384	0.000	−2.367	−0.558
		6 年生	0.087 ns	0.432	0.978	−0.929	1.103
	6 年生	4 年生	−1.549**	0.415	0.001	−2.525	−0.573
		5 年生	−0.087 ns	0.432	0.978	−1.103	0.929

＊＊＊；$p<.001$　＊＊；$p<.01$　ns；non-significant

も有意な差（$F=12.513$, $p<.001$, $F=10.024$, $p<.001$）がみられたため（表 2.32），多重比較をおこなった。その結果，BASE 得点では 4 年生が，5，6 年生のいずれよりも有意に高く（$p<.01$, $p<.001$），SOSE 得点でも 4 年生が，5，6 年生のいずれよりも有意に高い（$p<.001$, $p<.01$）という結果となった（表 2.33）。

これらの結果をまとめていえば，BASE 得点の学年差については男女に大きな違いはみられないが，SOSE 得点においては男子では学年差がないのに対して，女子では学年間に有意な差のある点が特徴的だということになる。

結果（表 2.24）に示したように，共有体験得点の男女差はなかったので，男女合計での学年差をみたところ 4 年生と 5，6 年生間に有意な差があった（$p<.01$, $p<.05$）。

高学年では，自意識の高まりとともに家族と行動することを避ける傾向がみられたり，外遊びが減るとともに塾通いなど勉強時間が増えるなどの，一般的な傾向が反映していると考えられる。

4） BASEとSOSEの共有体験との関係性について

結果（表2.28）に示したように，BASE得点，SOSE得点および共有体験得点をそれぞれ高群と低群に分けて，それらの相関を調べた。いずれの群も，190から230程度と，統計的な検定に耐えうる対象数となった。

まず共有体験得点とBASE得点の独立性の検定を試みた。Pearsonのχ^2値は12.605となり，共有体験とBASEには有意な関係がみられた（図2.8）。つまり，共有体験得点が高い群ではBASE得点が高く，共有体験得点が低い群ではBASE得点が低い傾向があるということになる。このことは，因果関係を示しているものではないが，自尊感情を高める教育を志向する立場からすると，共有体験を積むことでBASEが高まるという解釈が望まれるところである。

一方，共有体験とSOSE得点の独立性の検定を試みたところ，χ^2値は40.726となり，それらの間には有意な関係がみられることが確認された（図2.9）。つまり，ここでも共有体験得点の高い群ではSOSE得点が高く，共有体験得点の低い群ではSOSE得点が低いということである。

基本的自尊感情は共有体験と深い関係があるものの，社会的自尊感情は自己効力感や成功体験との相関が高いはずで，基本的自尊感情と社会的自尊感情の理論から考えると，解釈ができないことになる。ただ，基本的自尊感情と社会的自尊感情が互いに関係しているならば，このことについて説明がつくことになる。つまり，共有体験によって基本的自尊感情が高まれば，その過程をとおして，それとともに社会的自尊感情も高まるということである。

そこで，BASE得点とSOSE得点の関係をみてみることにした。その結果，BASE得点とSOSE得点の間にも高い関係があることがわかった（図2.10，$\chi^2=100.303$，$p<.001$）。

5） この調査の限界と今後の課題について

　本調査の限界は，以下の2点である。第一には，対象地域の偏りがある。日本の子どもの一般的な傾向を示すほどには，地域的な代表性を考慮していない。関東地方，関西地方，中国地方のみであり，北海道，東北，中部，四国，九州などの地域が含まれていない。また，社会経済的にみた偏りも否めない。今回の対象は，おもに都市部近郊の住宅地であり，農山村，漁村，鉱工業地域などは含まれていない。日常の共有体験については，そうした社会経済的な背景，自然環境の違いなどが大きく影響するであろうことが予想されるので，今回の調査の地域的な偏りから，調査結果に一般性を欠くことになったと考えられる。第二に，横断研究からくる限界である。共有体験，BASE，SOSE について学年による比較をおこなったが，これらはあくまでも調査時点で各学年に在籍している児童の得点の比較に過ぎない。つまり，横断調査であって学年を追うことによって変化していく，という解釈をするべきものではない。そうした学年による変化をみるためには，縦断研究が欠かせない。

　これらの限界を踏まえて，今後の課題として浮かび上がってくるのは，まず調査対象の偏在をなくすことである。そのことによって，日本の子どもたちの現在の共有体験と SOSE，BASE の実態と問題点が明らかとなってくるであろう。また，縦断研究をおこなうことによって，因果関係も明らかにすることができるであろう。つまり，共有体験をおこなうことによって BASE が向上するのか，BASE の高い子が共有体験をおこなう傾向にあるのか，事実はいずれの因果関係であるのかが実証的なデータによって明らかにされるであろう。

（5）まとめ

　本調査にはいくつかの限界と課題が残されているが，それらを踏まえた上で今回の調査による結果を以下にまとめておきたい。

① SOBA-SET に含まれた偏位尺度については，最頻値が24（最高点）となり尺度としての有効性が確認された。つまり，採用した6項目が適切であったと考えられる。

② BASEとSOSEの12項目については5因子構造となり，BASE尺度が3項目ずつの2因子，SOSE尺度が2項目ずつの3因子となった。理論に適合した因子構造が示された。
③ 男女合わせたデータでみたところ，BASEとSOSEはそれぞれ学年間の差があった。BASE得点の学年差については男女に大きな違いはみられないが，SOSE得点においては男子では学年差がないのに対して，女子では学年間に有意な差がみられた。
④ 共有体験とBASE，共有体験とSOSEには有意な関係がみられた。後者の関係については，共有体験によってBASEが高まれば，その過程をとおしてSOSEも高まると解釈できるので，見かけ上共有体験とSOSEの関係が現れたと考えることができる。

4 まとめ

　自尊感情は19世紀のころから心理学で取り上げられ議論されてきた，古くて新しい概念である。20世紀後半以降，とりわけ1970年代以降アメリカでは教育や社会政策との関連で議論が巻き起こり，「自尊感情運動 Self-esteem Movement」ともいうべき状況となった（Deweck, 1999）。また，日本においては，21世紀に入ってから教育現場において，子どもたちの自尊感情の低下や脆弱さが議論されるようになった。こうした自尊感情に関する議論に応ずる形で，これまでさまざまな評価尺度が作られ現場でも用いられてきた。

　しかしそれらの多くは，自尊感情を単一の因子からなるものととらえるか（Rosenberg, 1989），いくつかの社会的な場面での個別の状況因子（運動，学習，友人など）からなると考えるか（Coopersmith, 1958），などであった。そこで，本書では筆者らの提唱する自尊感情の理論を紹介し，それを測定する尺度としてSOBA-SETの小学生への適用を調べたのである。

　具体的には，社会的自尊感情（SOSE）と基本的自尊感情（BASE）を測定しうる尺度を，段階を踏んだ5回の予備調査と，八つの小学校の児童を対象とした本調査によって検討した。

　結果的に，いくつかの限界と課題は残されたものの，BASEとSOSEを独

立した概念として扱い，その得点を測定しうる尺度としてSOBA-SETの妥当性と信頼性が確認された。また，具体的には，BASE得点もSOSE得点も学年によって有意な違いがあり，男女によってもその意味には違う点があることがわかった。

　また，BASEとSOSEはまったく独立した感情ではなく，互いに影響を与え合うものと考えられること，SOSEだけでなくBASEも一度形成されると不変のものとなるのではなく，状況に応じて変化し減少することもありうること，などが確認された。

Ⅱ 子どもの自尊感情の国際比較（1）──ローゼンバーグの尺度による

1 はじめに

　著者らはこれまで，子どもたちの自尊感情の現状と，彼らの生活体験などの関連を明らかにする一連の研究をおこなってきた。今回，そうした研究の一環として，子どもの自尊感情に関する内外の研究を踏まえて，日本，台湾，フィンランド，カナダの子どもたちを対象とした調査をおこなった。調査尺度としては，上記の議論を踏まえてローゼンバーグの自尊感情尺度を用いることとした。

　本研究の目的は，国際調査のデータによって，日本の子どもたちの自尊感情の現状と問題点を議論する手がかりを得ることである。

2 対象と方法

　対象は，日本，台湾，フィンランド，カナダの4カ国の小学校4年生（10歳）から6年生（12歳）の児童である。日本は，東京近郊の住宅地にある市立G小学校児童432名（$M=10.28$, $SD=.92$）と，中国地方の県庁所在地の市立H小学校児童174名（$M=10.22$, $SD=.88$），台湾は台北市近郊の公立小学校児童274名（$M=11.00$, $SD=.81$），フィンランドはオウル市近郊の公立小学校児童101名（$M=11.09$, $SD=.81$），カナダはトロント市近郊の公立小学校児童237名（$M=10.89$, $SD=.82$）で，合計1,218名となった。

　方法は，教室における自記式集合調査法とし，日本，台湾，カナダについては担任教諭によって実施され，フィンランドでは研究代表者自身が教室へ出向いて実施した。実施時間は，教示の時間を含めて，およそ10分間であった。

　調査項目は，学年，年齢，性別のほかは，ローゼンバーグ（Rosenberg, 1989）による，自尊感情尺度を用いた。1965年のオリジナル版に合わせて，10項目4件法で実施した。カナダで用いた英語オリジナル版以外は，新たに筆者らが各国語に翻訳した。

調査時期は，2007年2月から6月であった。

3 結果

(1) 自尊感情得点の国別男女差

自尊感情尺度の10項目の得点を加算して，自尊感情得点とした。その際，逆転項目については点数を逆に配置しなおした後で加算した。その結果は，最低点10点から最高点40点になり，得点が高いほど自尊感情が高いということになる。

表2.34に示したように，カナダをのぞくと，男女差は他のいずれの国にお

表2.34 自尊感情得点の国別男女差

	性別	N	平均値	標準偏差	t 値	
日本（G）	M	197	26.1	2.21		
	F	208	25.7	1.98	1.94	ns
日本（H）	M	87	26.1	4.26		
	F	81	25.0	4.19	1.69	ns
台湾	M	—	—	—		
	F	—	—	—	—	
フィンランド	M	55	28.9	3.91		
	F	43	27.6	3.19	1.81	ns
カナダ	M	97	31.9	3.93		
	F	109	30.4	4.87	2.46	*

*p＜.05

いてもみられなかった。なお，台湾の調査票では性別に関する質問に不備があったため，データが得られなかった。

(2) 尺度の因子構造

先行研究（遠藤ら，1992）によれば，この尺度は2因子構造をとることが知られている。ここでは，一例として日本のG小学校のデータに関して分析をおこなった結果を示す。主因子法によって因子分析をおこない，因子間の相関が想定されるのでプロマックス回転をおこなった。3回の反転で回転が収束し，表2.35に示したように2因子構造が確認された。なお，二つの因子による累積寄与率は47.09％（第1因子；34.11％，第2因子；12.98％），因子間相関は−.580であった。

この結果は，概ね先行研究で示されているものと一致しているといえる内容である。他の3カ国のデータも同様にして分析したところ，いずれも2因子構造で概ね共通した結果が得られた。ただ，2因子の項目の構成は，次に示したように少しずつ違いがあった。

表2.35 日本G小学校のデータによる因子分析結果

	1	2
6．自分はこのままでいいと思います	0.820	0.129
2．自分にはいくつかよいところがあると思います	0.669	0.097
9．ときどき自分は役に立たないと思います	0.604	−0.084
5．あまり得意なことがありません	0.346	−0.191
7．自分はちゃんとしていると思います	−0.109	0.698
3．いつも自分はなんでも失敗ばかりだと思います	0.029	0.693
4．いろいろなことをみんなと同じくらいにはできます	−0.033	0.617
10．ときどき自分はだめだと思います	−0.153	0.412
8．もう少し自分を好きになったらいいなと思います	0.171	0.371
1．ほかの人たちと同じくらいによいところがあると思います	−0.159	0.217

累積寄与率；47.09％（第1因子；34.11％，第2因子；12.98％） 因子間相関；−0.580 α係数；第1因子＝0.697，第2因子＝0.680

第 2 章　自尊感情の測定

　日本 G 小学校；第 1 因子「2，5，6，9」，第 2 因子「1，3，4，7，8，10」，

　日本 H 小学校；第 1 因子「3，6，7，9，10」，第 2 因子「1，2，4，5，8」，

　台湾；第 1 因子「1，2，4，6，7，8」，第 2 因子「3，5，9，10」，

　フィンランド；第 1 因子「1，2，4，6，7」，第 2 因子「3，8，9，10」，

　カナダ；第 1 因子「3，5，8，9，10」，第 2 因子「1，2，4，6，7」。

(3) 自尊感情得点の年齢別・国別比較

　自尊感情得点について，各国別に年齢（学年）別の一元配置の分散分析をおこない，Tukey の多重比較をおこなった。

　その結果，表 2.36 に示したように日本の H 校において，6 年生が 4 年生（$p<.01$）と 5 年生（$p<.001$）より，有意に低くなった。台湾では，わずかに 5 年生が 4 年生（$p<.05$）より低くなった。フィンランドおよびカナダのデータでは，学年による有意な差はみられなかった。

表 2.36　自尊感情得点の年齢別・国別比較

学年（人数）	4（N）	5（N）	6（N）	
日本（G）	25.8 (123)	25.8 (138)	26.1 (146)	ns
日本（H）	26.9 (50)	26.1 (67)	23.6 (53)	4>6***　5>6**
台湾	29.2 (84)	27.6 (91)	28.3 (90)	4>5*
フィンランド	27.7 (28)	28.8 (34)	28.3 (36)	ns
カナダ	31.3 (51)	30.8 (96)	31.7 (50)	ns

***$p<.001$　**$p<.01$　*$p<.05$

4　考察

（1）尺度の信頼性と妥当性について

　日本（G）の結果は表2.35に示したように2因子構造を示し，また他の国のデータでも同様に2因子構造を示した。これは先行研究（遠藤ら，1992；山本ら，2001）の結果とも一致しており，因子的妥当性は示されたといえよう。また，信頼性についてはクロンバックの α 係数を算出したところ，日本（A）で第1因子が $\alpha=0.697$，第2因子が $\alpha=0.680$ と十分な値を示し，他の国のデータでもそれと同等の値を示した。

　これらの結果から，今回使用した各国語版によるローゼンバーグの自尊感情尺度の内的整合性は，ほぼ満足できるものと思われる。

（2）自尊感情得点の男女差について

　自尊感情得点の男女差を各国・群について調べたところ，カナダ以外では有意な差はみられなかった。ただ，いずれの群についても男子のほうが女子より高い傾向がみられた。カナダでは，男子が有意に（$p<.05$）女子よりも高い結果となった。

　小学校の中学年から高学年においては，一般に女子のほうがやや早熟で，社会性の発達が進むといわれているが，自尊感情得点においては男女差がみられなかった。これは，ローゼンバーグの尺度が，いわゆる good enough（Rosenberg, 1989）の感情を反映したものであり，社会的自尊感情（近藤，2007）とは一線を画するという証左とも考えられる。

（3）自尊感情尺度の翻訳について

　自尊感情得点は，カナダが最も高く，ついで台湾，フィンランド，そして日本の順に低くなるという傾向を示した。しかし，こうした国際比較調査におけるワーディング（言葉遣い）の検討は，極めて重要なことである。同じ10項目構成で因子構造も一致している場合でも，それぞれの項目が本来意図した内容を示し，回答者がそのとおりに回答していることを保証する必要がある。

　国際比較調査においては，使用言語が違っていても意味内容が同等に受け取

られていることを客観的に保証する必要がある。そのためには，例えば質問文のバック・トランスレーション（back-translation）などの方法を用いるべきであろう（Brislin, 1986）。つまり，複数のバイリンガルの翻訳者によって，オリジナル言語から目標言語へ，目標言語からオリジナル言語へというプロセスを繰り返し，その一致を確認する方法である。

今回の調査においては，ローゼンバーグによる英語のオリジナルの尺度をカナダに用いたほかは，研究代表者らが日本語に，台湾およびフィンランドの共同研究者らがそれぞれの国語に翻訳したのみで，上記のプロセスを踏むことはなかった。

したがって，各国間のデータを直接比較して，その高低を議論することは適当ではないと考えられる。この点は，今後同種の調査を継続していくときに，最大の課題であると考えている。

（4）各国別の自尊感情得点の学年間比較について

上述のように，自尊感情得点そのものの各国間の比較は妥当でないと考えられるが，その学年間の変化の仕方の比較や，日本国内の比較は妥当であろう。

各国間のデータを比較してみると，学年間の変化の仕方に違いがあることがわかる。つまり，日本のH校と台湾以外では，学年間に有意な差はみられず，小学校4年生から6年生まで一定の値を示していた。日本のH校では，6年生が4年生および5年生と比べて有意に低い値を示しており，これは教育現場での実感と一致している。

6年生になると，一般に社会性が発達するとともに，さまざまな社会的圧力を受けやすくなり，日本では中学校への進学などで，学業成績をはじめとした競争にさらされる機会が増える。そうしたことの結果，6年生においては社会的自尊感情（近藤，2007）の低下がみられると考えられる。進学競争がより過酷な日本や台湾で，こうした傾向が結果に反映したのではないかと思われる。

ただ，日本のG校ではこうした変化がみられなかったことは，特筆に値するといえよう。この学校では，調査対象となった6年生が入学後2年目から，学校としての研究課題を「いのちを大切にする子ども」として活動を続けてお

り，そうした活動の成果が現れたとも考えられる。その活動では，キーワードを自尊感情とし，サブテーマを「自尊感情を育み，よりよく生きることを共に考える学習」として教育活動に取り組んできていた（臼井，2007）からである。

(5) 限界性と今後の課題

　本研究の限界性は，次の3点である。まず第一点は，対象の選定の仕方の問題である。日本のG小学校とH小学校は，それぞれ学校としての研究課題にいのちの教育や自尊感情の育成をテーマに掲げて，研究代表者に協力を依頼してきた学校である。調査は，G校がその研究を始めて4年目，H校はその初年度におこなわれた。そうした対象校の特殊性があることと，地域的にも偏りがあるので，本研究の結果が日本の子どもの現状を代表しているとはいえない。同様なことは，台湾，フィンランド，およびカナダの場合にもいえることで，それらの結果はそれぞれの国全体に一般化することはできない。

　第二点は，対象数の少なさと偏りである。日本のG校の場合は，対象学年の全クラスで実施することができたが，他の学校では限られたクラスでの実施となっており，学校あるいは国によって対象数に偏りがあった。フィンランドでは，ある地域の全小学校で実施することができたが，もともと全校児童数が90名前後の小規模校であったため，対象数は限られたものとなった。

　第三点は，考察でも触れた調査票の翻訳に関わる問題である。限られた費用と時間の問題があり，今回は翻訳作業を研究者らが，それぞれ単独でおこなうような形を採らざるを得なかった。今後は，バック・トランスレーションなどの手順を踏んで，各国語間での等質性を保証できる形をめざしたいと考えている。

　今後は，上記三つの限界性をクリアすると同時に，第2章Ⅰで述べたSOBA-SETを用いた，大規模な国際比較研究を展開したいと考えている。その際，子どもたちの日常の生活実態や家族生活，学校生活などについての質問項目も加えて，そうした子どもたちの暮らし方と自尊感情の関係を明らかにしたいと考えている。

5　結語

　今回は，翻訳による4カ国語版の間の，十分な等質性の吟味がおこなえなかったため，国別の比較は適切でないと判断した。しかし，各国内の年齢（学年）別の比較には，妥当性があると考えられる。その結果は上記のとおりで，日本のH校と台湾の子どもだけが年齢が上がると有意に自尊感情得点が下がり，他の国の子どもたちは年齢による差はみられなかった。

　日本の子どもについてみると，G校とH校では，その変化の仕方に違いがみられる。一般に日本では，学年が上がるにつれて自尊感情が下がる傾向がみられる。G校は，学校全体で過去4年間にわたっていのちの教育をテーマとして，研究と日常の実践をおこなっており，それらを通して児童の自尊感情の育成に努めてきている。H校のように6年生で自尊感情得点が下がらず，一定の値を保ったのはその成果の現れとも考えられる。

　今後は，子どもたちの日常の遊びや時間の過ごし方などの生活実態を調べるとともに，現在開発中の独自の自尊感情尺度を用いてさらに精度の高い調査を実施したいと考えている。

（本研究は，2005，2006，2007年度東海大学学内研究資金・学部等研究教育補助金によっておこなわれた。また本節は，その結果として東海大学文学部紀要第91輯に投稿・掲載された論文に，加筆修正を加えたものである。）

Ⅲ 子どもの自尊感情の国際比較（2）──SOBA-SET による

1 はじめに

前節の国際比較調査では，ローゼンバーグの自尊感情尺度を，筆者らが独自に各国語に翻訳したものを用いて調査を実施した。ここでは，筆者らが開発した SOBA-SET（Social Basic-Self Esteem Test）を用いた国際比較調査について述べる。すでに述べたように，この尺度は社会的自尊感情（Social Self Esteem；SOSE）と基本的自尊感情（Basic Self Esteem；BASE）という，独立した二つの領域を峻別して測定するものである。

また，ここではバック・トランスレーションの手法を用いて，翻訳による質問文の意味の差が生じないように配慮した。

2 調査の対象と方法

（1）対象，方法，時期

調査の対象は，日本については第2章・Ⅰのものと同一であり，フィンランドについては第2章・Ⅱのものと同一である。調査データは，日本については前掲のものと同一であるが，フィンランドについては 2009 年 3 月に次項で述

表 2.37 調査対象（日本・フィンランド）

		日本	フィンランド
		n ％	n ％
対象数		776	222
	男子	388 (50.0)	105 (47.3)
	女子	388 (50.0)	117 (52.7)
学年			
	4年生	298 (38.4)	36 (16.2)
	5年生	257 (33.1)	116 (52.3)
	6年生	221 (28.5)	70 (31.5)

べるバック・トランスレーションを施した調査票によって，SOBA-SET と共有体験の調査を実施した。

調査対象数は日本の小学生 998（男子 517，女子 481）と，フィンランドの小学生 291（男子 150，女子 141）であった。ただ，偏位尺度の得点によって第 2 章・I で示したと同様な手順により基準に達しない対象を削除し，結果的に分析をおこなったものは表 2.37 に示したとおり，日本 776（男子 388，女子 388）とフィンランド 222（男子 105，女子 117）となった。

(2) バック・トランスレーション

英語版とフィンランド語版の二つの段階に分けて，図 2.11 のようなプロセスで翻訳をおこなった。

日本語原版は第 2 章・I で使用した SOBA-SET である。それを，筆者自身が英訳したものを大学准教授で国際文化論を専攻する日本人研究者が修正し，さらに大学の米国人講師が翻訳版・1（英語）に仕上げた。その後，それを英文学専攻の日本人の大学准教授が日本語に翻訳し，翻訳版・2（日本語）を作成した。筆者が，日本語原版と翻訳版・2（日本語）を照合し，極めて高い精度で一致していることを確認した。

このことで，翻訳版・1（英語）が日本語原版と内容的に一致していることが確認されたので，つぎの段階としてそれをフィンランド語に翻訳する作業にかかった。

そこで，翻訳版・1（英語）をフィンランド人の大学講師がフィンランド語に翻訳し，翻訳版・3（フィンランド語）を作成した。それを筆者が受け取った後，フィンランド人の英語教師に送り，翻訳版・4（英語）を作成した。そ

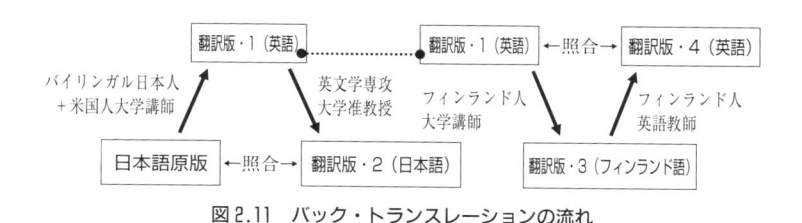

図 2.11　バック・トランスレーションの流れ

の翻訳版・4（英語）と翻訳版・1（英語）を筆者が照合し，これもほぼ内容・表現ともに一致していることを確かめた。

実際の翻訳版・1（英語）と2（日本語）を巻末に示す。日本語原版は，第2章・Ⅰの社会的自尊感情と基本的自尊感情の測定で示したものである。

3 結果

（1）BASE，SOSE，共有体験の学年差

BASE得点，SOSE得点，共有体験得点の平均点を学年間で比較してみたが，有意な差は見出されなかった（表2.38，39）。このことは，BASE得点でもSOSE得点でも，また共有体験得点でも学年間に有意差のあった日本のデータとは異なっている。

日本のBASE得点では，4－5年生間，4－6年生間，5－6年生間のすべてにおいて有意な差があり，学年を追うにしたがって得点は低下していた。また日本のSOSE得点では，5－6年生間では有意差がなかったが，4－5年生間，4－6年生間で有意に低下していた。

BASE得点とSOSE得点を合計した得点（SOBA-SET得点）で，日本とフィンランドを比較したものが図2.12である。フィンランドではわずかな変化がみられるが，有意な差ではない。日本のデータでは，学年を追うごとに有意に低下していることがわかる。

表2.38 BASE得点とSOSE得点の学年差（フィンランド）

		平方和	自由度	平均平方	F値	有意確率
BASE得点	グループ間	8.765	2	4.383	0.679	0.508
	グループ内	1413.473	219	6.454		
	合計	1422.239	221			
SOSE得点	グループ間	10.698	2	5.349	0.880	0.416
	グループ内	1330.581	219	6.076		
	合計	1341.279	221			

第2章　自尊感情の測定

表2.39　共有体験得点の学年差（フィンランド）

	共有体験得点				
	平方和	自由度	平均平方	F値	有意確率
グループ間	15.343	2	7.671	0.661	0.517
グループ内	2483.911	214	11.607		
合　計	2499.253	216			

図2.12　SOBA-SET得点の学年差
──◆──　日本，--■--　フィンランド

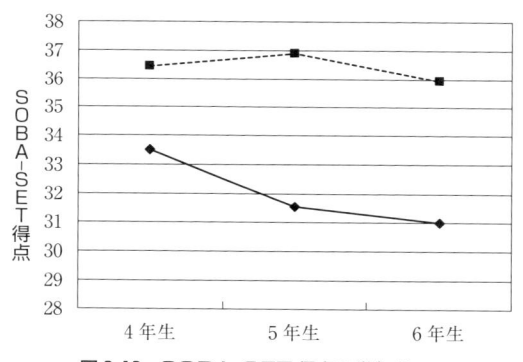

（2）因子分析

因子分析の結果（表2.40）をみると，BASE項目については，日本の場合とほぼ一致している。つまり，因子の順番と因子内の項目の順（因子負荷量）は異なるものの，日本の第4因子はフィンランドの第2因子となっており，日本の第1因子がフィンランドでも第1因子となっている。ただ，第1因子の項目にフィンランドでは「友だち」項目が一つ含まれている。

また，SOSE項目については日本とフィンランドでは大きな違いがみられる。つまり，日本では「友だち」「運動」「勉強」がそれぞれ2項目ずつまとまったのに対して，フィンランドではそれらが別の因子に分散して含まれている。とりわけ，フィンランドの第3因子には「勉強」と「運動」とBASE項

III 子どもの自尊感情の国際比較（2）――SOBA-SET による

表2.40 BASE と SOSE の因子分析（フィンランド）

	1	2	3	4	5
逆転済み：友だちが少ないと思います	0.677	−0.075	−0.089	0.198	0.054
逆転済み：ときどき，自分はだめだなと思います	0.611	0.026	0.108	−0.039	0.021
逆転済み：なにかで失敗したとき，自分はだめだなと思います	0.530	0.102	0.085	−0.120	−0.073
生まれてきて良かったと思います	0.013	0.794	−0.068	−0.039	0.076
自分は生きていていいのだと思います	0.097	0.499	−0.082	0.011	0.108
自分には，良いところも悪いところもあると思います	−0.050	0.427	0.088	0.051	−0.139
逆転済み：他の人より，頭が悪いと思います	0.083	−0.060	0.695	−0.036	−0.056
逆転済み：他の人より，運動がへただと思います	−0.017	−0.041	0.489	0.009	0.380
逆転済み：自分はこのままではいけないと思います	0.022	0.257	0.327	0.072	−0.185
ほとんどの友だちに，好かれていると思います	0.019	0.006	−0.012	0.849	−0.035
他の人より，勉強がよくできると思います	−0.124	0.105	0.191	0.230	0.149
運動は得意なほうだと思います	0.012	0.008	−0.040	−0.023	0.735

主因子法，プロマックス回転

目が一つずつ含まれており，第4因子では「勉強」と「友だち」が一つずつの2項目構成となっている。

因子相関行列(フィンランド)

因子	1	2	3	4	5
1	1	0.447	0.293	0.506	0.267
2	0.447	1	0.211	0.210	0.121
3	0.293	0.211	1	0.077	0.274
4	0.506	0.210	0.077	1	0.056
5	0.267	0.121	0.274	0.056	1

(3) 共有体験とBASE, SOSEとの関係

第2章・Iの日本のデータでは,共有体験とBASE,SOSEの関係をそれぞれの合計得点の高群と低群の2群分けをおこなって分析したが,ここでもそれに準拠して群分けをおこない,それらの関係をみた。

フィンランドのデータでは度数分布を参照したところ,ほぼ正規分布とみることが確認できたので,平均値と標準偏差を用いて2群分けをおこなった。つまり,日本のデータと同様に「平均値±標準偏差」をカットポイントとし,高群と低群を確定した結果は表2.41のようになった。

まず,共有体験得点とBASE得点によって,それらの関係をみると表2.42のようになり,χ^2値は3.879で5％水準で有意な関係となった。日本のデータではχ^2値が40.726で,0.1％水準で有意だったのに比べるとやや弱い関係ではあるが,分析対象数が少ないことを考慮すると,日本とフィンランドで大きな違いがあるとはいえないかもしれない。

次に,共有体験得点とSOSE得点について関係をみてみた(表2.43)。その結果,χ^2値は1.391で有意な関係はみられなかった。対象数の少なさがあるとはいえ,日本のデータではχ^2値が40.726で0.1％水準で有意な関係があったのに比べると,フィンランドと日本では共有体験とSOSEの関係において違いがあるといえよう。

次に,BASEとSOSEの関係では表2.44のようになり,χ^2値は31.341で0.1％水準で有意な関係がみられた。この点については,日本のデータと同様な傾向であった。

表2.41 BASE・SOSE・共有体験の2群分け（フィンランド）

	分割基準	N
BASE 得点 高群	>21	56
低群	<19	43
SOSE 得点 高群	>18	43
低群	<15	45
共有体験得点 高群	>34	40
低群	<29	41

表2.42 共有体験とBASEの関係（フィンランド）

	BASE 低群(1)	BASE 高群(2)	合計
共有体験低群(1)	12	9	21
共有体験高群(2)	5	14	19
合計	17	23	40

$\chi^2=3.879$, $p(=.049)<.05$

表2.43 共有体験とSOSEの関係（フィンランド）

	SOSE 低群(1)	SOSE 高群(2)	合計
共有体験低群(1)	11	7	18
共有体験高群(2)	7	10	17
合計	18	17	35

$\chi^2=1.391$, non-significant（$p=.238$）

4 考察

（1）BASE 得点，SOSE 得点，共有体験得点の学年差について

　フィンランドのデータにおいて，BASE 得点，SOSE 得点，共有体験得点

表2.44　BASEとSOSEの関係（フィンランド）

	SOSE 低群(1)	SOSE 高群(2)	合計
BASE 低群(1)	19	1	20
BASE 高群(2)	4	25	29
合計	23	26	49

$\chi^2=31.341$, $p<.001$

の平均点を学年間で比較してみたが，有意な差は見出されなかった。この点では，各得点で学年間に有意差のあった日本のデータとは異なっている。また，BASEとSOSEの得点を合計したSOBA-SET得点で比較してみた場合でも，日本のデータでは学年ごとに差があったが，フィンランドではまったく有意差はみられなかった。

日本の子どもの自尊感情は，一般に学年を追うごとに低下するといわれている（川畑ら，2001）。また，こうした現象は小学校の教員の印象として語られることも多く，筆者はそれをしばしば学校の現場で耳にしてきた。

それは一つには，思春期になるとともに自省的になることがあり，他者と自分を比較する中から，次第に自らの欠点や弱点に気づき自尊心が下がるのだ，といった理解がなされている。また，現在の教育・社会状況から，高学年に至って進学などのため学習面での競争が激しさを増すことも，自信を失わせる結果になるのではないかとも思われる。

そのように考えると，フィンランドの子どもには思春期はないのだろうか，といった極論も生れてくる可能性がある。しかし，それはもちろんありえないことであって，思春期特有の自省的な傾向があっても，それが自尊感情には直接影響を与えないというだけのことであろう。

一方で，フィンランドの子どもたちの日常を支える共有体験の種類や形態の違いが，大きな意味を持っているのではないかと思われる。実際，日本の子どもの共有体験得点は第2章・I・3でみたように，4年生と5，6年生間では有意な差（$p<.01$）があった。それに対して，フィンランドの子どもでは，

共有体験得点は学年間で差がない。ただ，より豊富な共有体験をしているというデータ上の証拠も，今回の調査では出ていない。フィンランドが4年生で30.80に対して日本では32.60と，4年生ではむしろ日本の子どものほうが得点が高い。ただ，フィンランドでは5年生，6年生になってもその得点が維持されているのである。

そこで，共有体験の中身について，フィンランドの実情を反映した尺度の作成が必要なってくると考えられる。例えばフィンランドでは，日常的に本の読み聞かせをしていたり，ともにサウナに入ったり，野山でさまざまな作業をしたり，といった日常の共有体験の機会が豊富にある（近藤，2007）。それに対して，今回の調査尺度では，家族でともに食事をすることや家族で外出することを共有体験の項目に入れており，これは日本の子どもたちにとっては意味のある機会かもしれないが，フィンランドの子どもにとっては，ある意味で当たり前の日常であり学年や性別で差が出る種類のものではないのかもしれないのである。

(2) BASE と SOSE の因子構造について

SOBA-SET の因子構造は，日本と比べてフィンランドで大きな違いはみられなかった。ただ詳細にみると，BASE 項目と SOSE 項目の混在が目についた。

まず第1因子では，「ときどき，自分はだめだなと思う（逆転）」「なにかで失敗したとき，自分はだめだなと思う（逆転）」という BASE の2項目とともに，SOSE 項目の「友だちが少ないと思う（逆転）」が混在している。また，「他の人より，運動がへただと思います（逆転）」「他の人より，頭が悪いと思います（逆転）」という SOSE 項目二つとともに，BASE 項目の「自分はこのままではいけないと思います（逆転）」がまとまって第3因子を構成していた。

このようにみてくると，日本の子どもたちを対象とした場合に有効であると考えられる SOBA-SET の構成が，フィンランドの子どもたちにとってどのような意味を持つのかは，あらためて検討する必要があるのかもしれない。もちろん，意味内容については，バック・トランスレーションの手順を踏んでい

ることによって，その等質性が保証されていると考えられる。しかし，根本的な問題として，日常生活の質の違いがある日本とフィンランドの子どもを，同一の尺度で測定することが果たして可能なのかどうかという疑問がわいてくるのである。

今回の調査では，共有体験の頻度を調査しているが，考察（1）でも触れたようにそうした日常の共有体験がフィンランドの子どもたちにとってどのような意味を持っているのかについて，この調査結果には検討するだけの材料が含まれてない。この点については，今後の課題である。

（3）共有体験とBASE・SOSEとの関係について

日本のデータでは第2章・Ⅰでみたように，共有体験とBASE，共有体験とSOSE，BASEとSOSEの関係についてχ^2検定をおこなったところ，それらの間にはそれぞれ有意な関係がみられた。

フィンランドのデータでも，共有体験とBASE，BASEとSOSEの間には有意な関係がみられた。共有体験とBASEの有意確率はp＝.049という値で，有意水準ぎりぎりの境界線上といってもよい値であった。一方，BASEとSOSEの関係については，十分な水準に達しており，有意な関係がみられた。ただ，いずれにしてもフィンランドのデータでは，高群・低群合わせて35〜50例と対象数が小さいため，十分な有意水準が出なかった可能性もある。

日本とフィンランドのデータを比較してはっきりとした差が現れたのは，共有体験とSOSEの関係である。日本では，χ^2値40.726で有意水準はp＜.001となったが，フィンランドではχ^2値1.391で有意な関係はみられなかった。

このことは，一つには日本とフィンランドの対象数の違いが統計処理上で影響を与えた結果とも考えられるが，一方で考察（1）でも触れたように2国間での共有体験の意味と内容の違いが，影響を与えているとも考えられる。

（4）本研究の限界と今後の課題について

今回の調査の限界には，次の4点が挙げられる。第一に，対象数の少なさである。とりわけフィンランドの分析対象数は222となり，共有体験得点などで

群分けをすると，その分析対象は50以下となってしまい，統計処理上の問題が生じていると考えられた。

　第二には，対象の地域的な偏りである。日本の対象は，関東，関西，中国と複数地域から抽出しているとはいえ，社会経済的指標からみて日本の子どもを代表しているとはいいがたい。また，フィンランドでは，中西部の一都市の住宅街の一つの校区にある六つの小学校のみに限定されている。やはり，ここでもフィンランドの子ども一般を代表しているわけではない。

　第三に，共有体験の質・量と，そのことの持つ子どもたちにとっての意味が不明である。生活背景がまったく異なるフィンランドと日本の子どもたちにとって，共有体験の中身がまったく異なっている可能性が否定できない。日本の子どもたちにとってはまれな体験でも，フィンランドの子どもにとっては極めて当たり前の日常的なこともあろうし，その逆もあるであろう。

　第四に，BASEとSOSEの各項目の持つ意味の問題である。バック・トランスレーションをおこなって，各項目の文章の意味するところについては等質性が保証された。ただ，その項目そのものが，日本の子どもとフィンランドの子どもにとって，BASEあるいはSOSEの項目として意味あるものだったのかどうかが確認できていない。それは因子分析において表面化した問題である。もとよりSOBA-SETは，日本の子どもたちを対象として，予備調査を繰り返し項目を厳選し作り上げたので，日本の子どもを対象としたデータでは因子構造も明確で，理論に沿ったものとなった。しかし，フィンランドのデータでは，因子構造が崩れ，必ずしも理論に沿ったものとはいえなかった。

　今後は，これらの限界を踏まえて，それらを乗り越えた調査研究の継続を課題としていきたいと考えている。

5　まとめ

　第2章・Ⅰにおいて，社会的自尊感情と基本的自尊感情を峻別して測定できる尺度としてSOBA-SETを開発し，その信頼性と妥当性の検討をおこなった。その結果，十分な値を得たので，本節ではバック・トランスレーションをおこなった上で，日本とフィンランドの小学生の比較調査を実施した。

考察で述べたように，今回の調査には限界と課題がいくつか存在しているが，それらを踏まえた上で以下の3点を調査結果としてまとめておきたい。
① 日本のデータでは，BASE得点，SOSE得点，共有体験得点のいずれにおいても学年間で有意な差があったのに対して，フィンランドではいずれにおいても有意な差はみられなかった。
② SOBA-SETの因子構造は，日本とフィンランドで根本的な違いはみられなかったが，フィンランドではBASE項目とSOSE項目の混在がみられた。
③ 共有体験とBASE，SOSEとの関係では，日本ではいずれにおいても有意な関係がみられたが，フィンランドでは共有体験とSOSEの間に有意な関係がみられなかった。

これらの結果から，日本とフィンランドの子どもたちには，日常の共有体験の質と量に違いのある可能性があること，日本の子どもたちに比べてフィンランドの子どもたちの自尊感情は安定していることなどが示唆された。

〈文献〉

Brislin, R.W. (1986). The wording and translation of research instruments. In Lonner, W.J. and Berry, J.W. (Ed.), *Field methods in cross-cultural research*. Sage Publications, 137-164.

Ciarrochi, J., Chan, A.Y.C, Bajgar, J. (2001). Measuring emotional intelligence in adolescents. *Personality and Individual Differences*, **31**, 1105-1119.

Coopersmith, S. (1958). Determining Types of Self-Esteem. *Journal of Abnormal and Social Psychology*, **59**, 87-94.

Dweck, C.S., Caution…Praise can be dangerous. American Educator. *American Federation of Teachers*. Spring 1999.1・5.

遠藤辰雄・井上祥治・蘭千尋（編）『セルフ・エスティームの心理学――自己価値の探求』ナカニシヤ出版，1992

深谷昌志・深谷和子（監修）「モノグラフ・小学生ナウ」ベネッセ教育研究所，1996，1997，1999，2000

原田宗忠「青年期における自尊感情の揺れと自己概念との関係」『教育心理学研究』

56, 330-340, 2008
Harter, S. (1982). The Perceived Competence Scale for Children. *Child Development*. **53**, 87-97.
石川中・和田迪子・十河真人・伊藤たか子『TEG〈東大式エゴグラム〉手引』金子書房，1984
梶田叡一『自己意識の心理学』東京大学出版会，1980
川畑徹朗・西岡伸起・青木敏・島井哲志・近森けい子「思春期のセルフエスティーム，ストレス対処のスキルの発達と喫煙行動との関係」『学校保健研究』**43**(5)，399-411，2001
近藤卓（編著）『いのちの教育の理論と実践』金子書房，2007
Leary, M.R., Tambor, E.S., Terdal, S.K., Downs, D.L. (1995). Self-Esteem as an Interpersonal Monitor : The Sociometer Hypothesis. *Journal of Personality and Social Psychology*, **68**(3), 518-530.
股村美里「いのちの教育を評価する――自尊感情をはかる」近藤卓（編著）『いのちの教育の理論と実践』41-47，金子書房，2007
内閣府政策統括官（共生社会政策担当）「低年齢少年の生活と意識に関する調査報告書」2007
Pope, A.W. et al. (1988). *Self-esteem Enhancement with Children and Adolescents*. Pergamon Press. 3-4.
Rosenberg, M. (1989). *Society and the Adolescent Self-Image*. Wesleyan.
曽我祥子「日本版STAIC標準化の研究」『心理学研究』**54**(4)，215-221，1983
臼井定重「いのちを大切にする子ども――自尊感情を育み，よりよく生きることを共に考える学習」近藤卓（編著）『いのちの教育の理論と実践』125-131，金子書房，2007
山本眞理子（編）『心理測定尺度集I』29-31，サイエンス社，2001

第3章　共有体験

I　共有体験とはなにか

1　共有と共感の概念

　本節では，基本的自尊感情を育む行為としての「共有」について考えていきたい。共有に隣接する概念として，共感があり，さらには同情や同感という用語もある。共有とはいかなる現象であろうか。『広辞苑』（新村，1969）には，「二人以上が一物を共同して所有すること」とある。同じ辞典で共感を調べると「（sympathy）人の考えや主張に，自分もまったく同じように感ずること。また，その感情。同感」とあり，ここで同感が出てくる。つまり，共有はかなり具体的な物体の共同所有のことであり，共感は他者と同じ感情を持つことのようである。同情については「他人の感情，特に苦悩・不幸などをその身になって共に感じること」とあり，共感のうちでもややネガティブな感情の共有のことといったニュアンスである。このように，日常の用法では共有も共感もあるいは同情などについても，一定の共通認識がなされているようであるが，重なっている部分もあり概念規定としてはあいまいであることは否めない。

　その点，心理学的には厳密な定義がなされている。例えば角田（1991）は，共感性について他者理解を前提とした感情・認知の統合であるとした上で，「能動的または想像的に他者の立場に自分を置くことで，自分とは異なる存在である他者の感情を体験すること」と述べている。その上で，共感は共有機能

113

第 3 章　共有体験

と分離機能の統合されたものであるとして，共感経験尺度（角田，1994）を作成している。共感経験尺度は，過去の共有経験と共有不全経験を問う形になっており，その両方のバランスが大切だという。つまり，共有経験は持っていても，共有不全経験を持たない場合，その人の共感経験は乏しいものとなるということである。いいかえれば，どんな場合でも共有するのではなく，共有できないという場面や状況を体験することこそが，共感的な態度には必要だということであろう。

　また，角田は同情についても触れており，それは「共有体験はなされているが他者理解としての共感には至らない反応で，自己中心的な観点から自らの体験を捉えるため，他者を理解する方向でその体験が捉えられないもの」（角田，1994）であるとしている。

　自閉症などの発達障害では，一般にコミュニケーションの障害が根底にある場合が多く，まさに共有や共感の障害であるといってもよい。自閉症児の研究を進めるなかで，小林（1999，2000）はプレイセラピーの場で母子が治療者を交えて遊ぶ場面を作り，ある瞬間に生じた情動の共有が繰り返されることで，それがやがて意図の共有になり，体験と意味の共有へと進んでいくと述べている。

　筆者自身はカウンセリングや教育実践の経験から，小林が述べるのとは逆の進行を実感として持っている。つまり，体験や経験の共有が先にあり，そのあとで，あるいはそれと同時に感情や意志の共有が生じるのではないかということである。例えていえば，感情や意志が動き，それに添った形で行動が起こされるのではなく，なにかの瞬間に体が動いてしまった結果，気持ちが後追いする形で変化するといった流れである。そうした心身相関のような現象が起こっているというのが，カウンセラーや教師としての実感にあっているように思われる。

　いわば，「感情から行動が生じる」ではなく，「行動から感情の変化へ」という流れである。悲しいから泣くのではなく，泣いているうちに悲しくなってくる，という現象である。このことについて，金魚の墓を例に挙げて考えてみよう。

Ⅰ 共有体験とはなにか

　家で飼っていた金魚が死んだときどうするか，という問いをこれまで講演などの場で，数多くの人びとに投げかけてきた。日本の国内だけでなく，台湾やカナダやフィンランドなどの海外の人々にも聞いてみた。はじめてこの問いを日本の聴衆に向けたのは，もう10年も前のことである。

　筆者としては，当然のことながら自分自身の経験と同じように，庭の片隅に穴を掘って金魚を埋葬し，割り箸の十字架や小さな石ころの墓石を飾るという答えを期待して聞いたのである。もちろん，大多数の人びとは同じような経験を持っていた。ところが，数人がそうした経験がないというのである。集合住宅に住んでいるので，金魚を埋める庭がない，という説明が多かった。それでは金魚はどうするのかと問うと，驚くべき答えが返ってきた。ある人は，死んだばかりの金魚だから，魚が好物の飼い猫に与える。他の人は，死んだ魚だから生ゴミとして捨てる。また別の人は，水洗トイレに流すというのである。

　この最後の答えをはじめて聞いたとき，筆者は背筋が寒くなったのを今でも覚えている。100人も人が集まっていると，トイレに流す人が1人や2人はいる，というのが筆者の経験である。ついでにいえば，カナダでは大多数の人がトイレに流すということだったし，フィンランドではそれはおかしいという人が多く，台湾では埋葬する人，トイレに流す人などが混在していた。

　さて，金魚の墓を作って埋葬したときの母子の様子を考えてみよう。幼い子どもは，金魚が死んだことを十分には理解できないだろう。ただ，先ほどまで元気に泳ぎ回っていた金魚が動かなくなり，手のひらの上で次第に硬く小さくなっていくことで，正体不明の寂しさは感じているかもしれない。そんななかで，子どもは母親とともに金魚の埋葬の作業を進めていく。庭の片隅に掘った小さな穴に金魚を寝かせ，土をかけていく。つややかな金魚の横腹が，黒い土によって次第に隠され，やがてまったく見えなくなる。墓の上には，輪ゴムでとめた割り箸の十字架が立てられる。でき上がった金魚の墓と子どもの目を交互に見つめながら，母親が手を合わせ目をつぶり祈るしぐさをうながす。子どもは，母親をまねて手を合わせ目をつぶり祈るまねをする。母親は，そこで次のようにつぶやくかもしれない。

「金魚さん，さようなら。これまで，私たち家族に楽しい時間を与えてくれ

てありがとう。私たちはいつも，あなたの元気に泳ぐ姿に，とても励まされ慰められました。もう，あなたに会うことができませんけれども，私たちの心の中には，いつまでもあなたとの思い出は消えることはありません。ありがとう。さようなら。」

　寂しそうに，辛そうにこのように語りかける母親の声を聞き，ともに祈りながら，子どもの心にあった正体不明の寂しさとは，このことだったのだということが次第に明確になっていくだろう。自分自身が感じていたことは，このことだったのだ。自分の感じていることは，母親の思いと同じだったのだ。こうした確認によって，この間の体験が共有体験として意味を持つことになる。つまり，金魚を埋葬するという行為を共有することによって，その際に同時に起こる感情の共有がなされたのである。母親は子どもをいとおしいと感じ，子どもは母親に守られていると実感するのである。

2　共有の種類

　先に述べたように，共有するということは，日常的な用法としては具体的な物についての場合が主たるものであるが，もちろん共有するものはそれだけではない。例えば岡本（1982）が，乳児と他者との共有として，リズムの共有，情動の共有，視線の共有，場の共有，対象の共有，シグナルの共有，テーマの共有，そして経験の共有の8種類の共有現象を示しているのは興味深い。

　ここでは，共有をその対象から，6種類に分けて整理してみたい。まず，物理的共有についていえば，具体的な物体の共有が考えられ，それは一つの道具やモノをともに使ったり所有したりすることである。鉛筆・消しゴムの共有，机・椅子の共有，家や土地の共有などがある。二つ目として時間的共有は，ともに時間を過ごすことで，一緒に映画を見る，並んで散歩をする，ともに授業を受けるなどがある。三つ目としては，空間的共有が考えられ，それはただ単に同じ部屋にいるとか，同じ建物にいるだけにとどまらず，パーソナル・スペースを重ね合うことが心理的には大きな意味を持ってくる。たとえば，遊園地の遊戯物，車の座席，映画館などで，肩が触れ合うくらいの近距離で時間を過ごすことで，空間的共有が成立する。四つ目としては，知識の共有がある。言

語化された概念を語り聞くことによって，知識が共有される。五つ目には，感情の共有がある。怒り・恐れ・悲しみ・喜び・嬉しさなど，あらゆる情動を共有することが，私たちには可能である。六つ目に，意志の共有が考えられる。知識の共有が過去の産物の共有であり，感情の共有が今という時間の中での共有だとすれば，意志の共有は未来へと開かれた共有である。このことによって，共有の体験が私たちの未来にとって，大きな意味を持つことになるのである。

　幕末の京で活動した新撰組を例に挙げて，共有の進展を考えてみよう。彼らは近藤勇を中心として，ある目的を持って結集した。彼らは，屯所での共同生活を営むという準備状況のなかで，物理的共有，時間の共有，そして空間の共有を経験していく。その段階から次の次元へと進むために，感情の共有の経験をする必要があった。それが，芹沢鴨の暗殺という事態である。この経験の共有によって，恐怖と高揚感という感情の共有がなされ，目的のためには人の死をも乗り越えるのだという，強い意志の共有の段階へと進むことができたのであろう。そして，より結束を高め，ある意味で閉じた集団として，一気に幕末の時間を駆け抜けていったのである。

3　他者との交流

　久保田（1996）は，乳児と母親との交流について触れて，生後2〜3カ月において，母親が乳児の意識の状態に合わせることによって繰り広げられる，母子間のつぎのような相互同調的な協応行動をトレバーセン（Trevarthen, C.）が第1次間主観性と呼んだとして紹介している。つまり，「頭を動かしながら声を出している乳児に呼応するかたちで，母親も乳児の頭の動きとまったく同じ拍子で頭や身体を動かしながら乳児に話しかけたり，あるいは逆に，母親の声がけの抑揚やリズミカルな身体の動きに呼応するかたちで，乳児もそれに歩調を合わせるかのような発声や身振りで応えていく」といったやり取りである。

　このことを発展的に展開させて，久保田（1996）は「大人同士のかかわりやコミュニケーションにおいても，相手との共作用的な瞬間の共有や互いのリズ

ムの同調は，二者の間主観的な時空間を形成し，相手との情緒的な結びつきや親密感を深めるといえる」と述べている。

また久保田（1996）は，生後4～6カ月における，さらに息の合った母子間の相互作用行動を母子の相互作用ダンスと呼び，サンダー（Sander, L.W.）がつぎのように述べているという。「母親は，乳児の注意を引こうと，たびたび乳児と視線を合わせようとする。目と目が合うやいなや，母親は微笑みながら声がけをし，乳児の顔に自分の顔を近づけていく。それに応えて，乳児も母親に微笑みながら興奮に満ちた喜びのメッセージを送る。（略）このような母子間の交互的な協応行動は，うまく歯車がかみ合っており，独特のハーモニーをかもし出している。こうして乳児は，母親とだけの"微笑み返し遊び"（social smiling play）を楽しみ，情動を共有していく。」このことから久保田（1996）は次のように述べている。「このように，母親の調整のもとにうまく嚙み合いながら展開される二者間の相互作用的行動が，日常の生活の中で反復されること，換言すれば，行動の連鎖の規則性と肯定的な情動の共有とが，母親との関係の中で繰り返し体験されることは，後の子どもの自己やパーソナリティの形成，および母親についての表象の形成に深くかかわっている。」

このように，乳幼児期の情動の共有経験は，その後の発達において極めて重要である。久保田（1996）は，この点をさらに詳述して，「情動とは『自分とは何者であるか』を規定する体験にまとまりと連続性を与える"接着剤"」であると説明している。他者との情動の共有体験を通じて，とりわけ肯定的な情動の共有を重ねることで，自分の感じ方は間違っていない，自分はこれでいいのだ，自分は生きていていいのだという，基本的な自尊感情の基礎が作られていくのだと考えられる。久保田（1996）は，このことを次のように説明している。「"情動体験の連続性"は，"文脈は変わっても自己の情動体験は不変である"，さらには"時間・空間を超えて自己は不変である"という自己の連続性や同一性についての，もっとも基礎的な感覚を支えている。」

ここで述べてきたような他者との交流を，鯨岡（2006）はインター・サブジェクティヴィティ（間主観性，相互主体性）という概念で解釈している。彼によれば，間主観性とは「『あなた』の主観のある状態が『あなた』と『私』の

『あいだ』を通って『私』の主観のなかに伝わってくること」である。だから，相手のことを間主観的に理解するとは，こうした間主観性にもとづいて，相手の主観をあたかも自分自身の主観のように感じ取ることだといってよいであろう。

　鯨岡（2006）によれば，インター・サブジェクティヴィティには次の五つの次元があるという。①二者の相互的・相補的な関係の次元，②互いにわかるという相互意図性の次元，③相互に情動が通じる相互情動性の次元，④相互に語ることが理解できる相互理解の次元，⑤自分の主体性が他者の主体性によって媒介されているという相互主体性の次元。

　ここでは，この第五の次元にみられる相互主体性という視点に注目してみたい。というのは，前述の間主観的な理解では，あくまでも「あなた」と「私」は「あいだ」によって媒介されているだけで，「私」による「あなた」の理解は「あたかも」自分自身の主観であるかのように理解されるだけである。つまり，「あなた」は客体であり，「私」が主体であり，客観を「あたかも」主観のように理解しようとしているに過ぎない。

　しかし，相互主体的な理解は，それとは根本的に異なるものであり，さらにその次の次元へと道を開くものだと考えられる。そこでは，「あなた」の主観と「私」の主観は，それぞれ主観であり続ける。「あなた」も客体ではなく主体であり，「私」も当然ながら主体である。鯨岡（2006）の言葉を借りれば，「お互いがそれぞれに主体でありながら，同時に相手を主体として尊重し合わなければ，『共に生きる』ことが実現できない」ということになる。「私」のいのちを大切に思い，それを貫こうとすれば，「あなた」のいのちを大切にする必要がある。そうして大切にされた「あなた」が，「私」を大切にしてくれるからである。これが相互主体性にもとづいた関係ということであろう。

　こうした相互主体的な関係は，日常の生活の中でごく自然に現れることでもある。モリス（1980）が，姿勢反響として挙げている例などは，ごく普通の生活の中で出現する相互主体的な現象であろう。「二人の友人が出会って打ち解けた話をしていると，彼らは似た姿勢をとるのがふつうである。（略）これはわざわざ相手を模倣しているのではない。その二人は，知らずして姿勢反響と

いわれる状態を満喫しているのである。つまり，友情の自然な身体表示の一つとして，無意識のうちに姿勢を反響させているのである。」

II　カウンセリングにおける共有体験

1　カウンセリングとはなにか

　カウンセリングという用語は，近年極めて多様な用いられ方をしている。『広辞苑』（新村，1969）を見ると「個人の持つ悩みや問題を解決するため，精神医学・心理学等の立場から協力し助言を与えること。個人指導。身上相談」といった説明がなされている。しかし，現実には相当に拡大解釈されているようで，ごく日常的な場面での相談ごとや，営利を目的とした販売促進の受付業務などにまで，カウンセリングという用語が用いられている。

　本節では，当然のことながらそうした用いられ方とは一線を画して，臨床心理学的な意味でのカウンセリングに関することを問題としている。そうした場合，心理カウンセリングなどと表記することもあるが，本項では単にカウンセリングと表記することとする。

　さて，カウンセリングでは，クライエントの抱える問題の解決や，自立的な生活の獲得あるいは回復がめざされる。それは当然のことではあるが，その際にカウンセラーが前もって解決策や方向性を用意しているわけではない，という点に他の相談活動や指導助言の営みと異なる面がある。あくまでも，主体はクライエントであって，カウンセラーは寄り添いともに歩むだけである。

　このようにいうと，カウンセラーは何もしないで，ただそこにいるだけのように受け取られかねないが，それとは異なる。最も重要な働きは，クライエントの悩みや苦しみを，そしてクライエントその人を，真に理解しようと努めることである。さらにいえば，理解したいと思い，そのことをクライエントにしっかりと告げることである。一般に，人は目の前にいる誰かが自分のことを心の底から理解したいと願っていることがわかったとき，大きな勇気と力を得ることができるであろう。

　カウンセラーは，とにかく心の底からクライエントを理解したい，と願っているのでなければならない。逆にいえば，わかったつもりになっていたり，場合によっては事実すっかりわかってしまっているならば，そこにはカウンセリ

ングは成立しないといってよいだろう。

　カウンセラーをめざす若い大学生や大学院生のなかには，自分自身が苦しい体験をしてきており，そうした状況に置かれた者の痛みや，進むべき方向性を実体験として理解しているという者もいる。だから，勉強してカウンセラーになって，そうした経験を生かしたいという。

　それは，カウンセラーをめざして勉強する際の，動機付けにはなるかもしれない。だから，一概に切り捨てることはできないが，もしそうした経験があるから同じような苦しみの相談ができるというなら，それは間違っているというべきだろう。この論法では，突き詰めていけば，そうした経験がなければ，そうした立場に置かれている人たちの気持ちが理解できない，ということになる。それでは，あまりに限局した特殊な問題専門のカウンセラーにしかなれないだろう。カウンセリングにやってくるクライエントは多様であり，抱えている問題や苦しみ，悩みもさまざまである。そうしたあらゆる問題を経験することは，不可能であろう。クライエントの悩みや苦しみは，いずれも極めて特殊で個人的なものなのである。

　結局のところ，私たちが経験することは，一個の自分自身という特殊な個人の経験でしかない。そうした経験とまったく同じ経験をする人など，この世に存在しないといったほうがよいだろう。

　だから，カウンセラーはクライエントと出会って，そのクライエントの極めて特殊で個人的な経験に耳を傾け，その人を，その人の悩みや苦しみを，なんとか理解しようとするのである。

2　クライエントは成長する

　人間は成長する。『エリクソンの人生』（Friedman, 1999）でのエリクソンの言葉を持ち出すまでもなく，生まれてから死ぬまで，生涯を通して人間は成長する。ただ，なんらかの障害や，悩みや苦しみにとらわれたとき，成長が滞ったり，止まってしまうこともありうる。

　だから，カウンセラーはそうしたクライエントに寄り添ってともに歩むことで，誰でも——悩みや苦しみを抱えたクライエントでさえも——が成長するこ

と，あるいは成長していることをクライエントに写し返して示すのである。

　自分の問題にとらわれて，内側にだけ目が向いているとき，人は自らの成長に気づくことができない。この心的体験は，登山の体験に似ている。一歩一歩苦しみながら山道を登っているときに，あまりに遅々とした進み方に，こうした歩みが無駄に思えてくるようなことがある。ところが，一息ついて彼方の景色を見渡したとき，自分がいつの間にか一段と高いところへ登ってきていることに気づくのである。同時に，以前にみえなかったものがみえてきたり，みえていたものの別の姿に改めて気づかされることがある。

　カウンセラーは，問題にとらわれて内側にだけ向いている，クライエントの閉じた思考を開かせる役割を果たす。クライエントの思考をカウンセラーが写し返すことによって，クライエント自身が自らの位置を確認し，以前とは違うものがみえてくるのである。

　ここで重要なことは，そうした自分のいる位置や自分の姿を，クライエント自身が自ら見出すことである。カウンセラーが言葉で説明したり教えたりするのでなく，クライエントが自ら見出すことが必要である。

　これまで述べてきたことは，いわばクライエントがカウンセラーと同等な判断のできることを前提としている。比ゆ的にいえば，カウンセラーはクライエントの心の鏡になるので，その鏡に映った像を，写っているとおりに感じ取れることが必要である。写っている像をゆがんだものとして受け取ったり，写っているもの以外のものをあたかも写っているかのように感じ取ったりするようでは困る。つまり，著しい感覚あるいは判断のゆがみや，幻覚や妄想が生じている場合は，カウンセリングだけでは対応しきれない場合がある。そうした場合は，精神療法とりわけ薬物療法との併用が必要になってくる。

3　態度・行動の変容

　ロジャーズ（1966）がいうように，カウンセリングとは「その人の態度や行動の変化をもたらすうえでの，その人に援助を提供することを目的とする，継続的・直接的な話し合い」であり，態度や行動の変容ということが，一つの重要なねらいとなる行為である。

第3章　共有体験

　つまり，知識を与えることができたり，その場での一時的な感情の変化があったりしたとしても，カウンセリングとしては成功したことにはならない。その場を離れた一人での生活の場で，その人が自ら行動を変容させ，それまでと違った生き方をするようにならなければならないのである。このことは教師という職業についても，同様なことがあるように思われる。教師が単に知識を伝え，児童・生徒・学生がそれを受け取り学んでいくというだけでは，教育という営みは成功したとはいえないだろう。そうした，伝えることと受け取ることのやり取りの背景には，互いの信頼がありともに感じ合うという，互いに開かれた関係が前提となっているはずである。そうでなければ，教育は単なる知識の伝達に過ぎず，インターネットで情報を集めることと，なんら違いがないことになってしまう。そうした活動によっては，学ぶ側の人格的な成長は望めない。

　クライエントが苦しみや悩みを語り，その思いがカウンセラーに理解され，理解したということがクライエントに伝えられ――必ずしも言語によるわけではなく――，二人でその苦しみや悩みが共有されたとき，カウンセリングの一段階が進む。つまり，共有された思いが，再度クライエントの心のうちにしまわれるときに，同時にカウンセラーの理解の仕方がクライエントのうちに内面化される。

　自分の心のうちが，カウンセラーという他者に理解されていくプロセスをともに歩むことによって，カウンセラーの理解の仕方がクライエントの心に内面化されていくのである。カウンセラーはクライエントとともに歩んでいくが，それは逆からみれば，同時にクライエントがカウンセラーとともに歩んでいるのである。

　このようにして，カウンセラーの見方を内面化したクライエントは，いつでも「カウンセラーが今ここにいれば，どのように考え発言するだろう」というように，カウンセラーの思考と行動の仕方を心のうちに再現する。その結果，彼の行動は，それまで一人で歩んできたのとは，違った様相を呈するようになるのである。

4 向き合う関係と並ぶ関係

　向き合う関係は，原初的には乳児と養育者との関係である。子どもにとって，この世に生を受けてからはじめて結ぶ外界との関係である。それは，二人だけの閉じた関係，つまり二項関係である。この関係を結ぶことで，子どもははじめて他者と関係を作るという体験をする。

　そして，互いを知るためにも，向き合う関係は最適の関係である。ボウルビイ（Bowlby, 1969）によれば，母子は互いに見つめ合い，互いに反応し合うことによって，愛着（アタッチメント）を深めていく。

　並ぶ関係は，開かれた関係である。子どもと養育者が，並んでなんらかの対称を見つめることで，三項関係が成立する。ハイダー（Heider, 1958）の均衡理論によれば，三者の間柄は常に正になるように変化する。つまり，二人が互いに好意（＋）を持っている場合，一方が対象を好き（＋）ならもう一方もその対象を好き（＋）になるように心が動く。また，一方が対象を嫌い（－）ならもう一方もその対象を嫌い（－）になるように心が動く。そうすることで，三つの符号を掛け合わせたとき，常に符号が正になるのである。また，二人が互いを嫌っている場合（－）は，一方が対象を好めば（＋）他方は対象を嫌う（－）し，一方が対象を嫌えば（－）他方は対象を好きになる（＋）ことで，三つを掛け合わせるとやはり符合は正となる。このように，並ぶ関係は互いの関係を変化させる。

　北山（2005）は，日本の文化におけるカウンセリングに関して，「フェイス・トゥ・フェイスではなくサイド・バイ・サイドで」おこなわれている，と述べている。ただ，わが国の多くのカウンセラーが直角法を用いていることを考えると，これはむしろ「フェイス・トゥ・フェイスとサイド・バイ・サイドで」おこなわれているというべきであろう。

　つまり，直角法は少しだけ視線や首を回すだけで，向き合う関係にも並ぶ関係にもなりうる位置関係である。クライエントとの関係を作る段階では，向き合う関係を意図的に多用し，関係を深める場面では並ぶ関係をとる。関係を作る段階は，カウンセリングの初期段階だけではなく，やや進んだ段階でも必要になってくる。例えば転移と逆転移によって，二人の関係が蜜月を迎えたとき

に，その状況にしばらくとどまった後，それを打ち破ることで関係が壊れることがある。つまり，これはカウンセリングであって，二人の関係はかりそめのものだというように，現実を直面化することでクライエントがそれに反発し，抵抗を示したりしたのち，関係を再構築する必要が出てきたりするということである。

5 時間の使い方

　24時間という時間が二人に与えられ，自由に用いてよいとしたらどのように使うだろうか。二人が友人同士なら，夜を徹して語り合い，24時間を文字どおり1日で使い切ってしまうかもしれない。教師と児童・生徒なら，1週間に月・水・金のそれぞれの曜日に1時間ずつで，8週間に分けて使いきるかもしれない。カウンセラーは，24時間を週に1時間ずつ24週にわたって24回の面接に用いるだろう。

　このことには，三つの意味がある。一つは，継続ということである。こうすることで，24週つまり半年間にわたって，かかわりを続けていくことができる。半年間も，ともに歩みそばに寄り添うことができるのである。互いに思いを共有するチャンスも増えるし，なによりクライエントが成長する時間もそこにはある。

　もう一つは，間隔が開くことに意味がある。週に1回会うことで面接と面接のインターバルが重要な意味を持ってくる。カウンセリングは，面接の時間に直接なんらかの知識を学ぶことではない，と先に述べた。カウンセリングでは，自発的な行動の変容こそが求められる。そのためには，一人で考え行動する時間が必要なのである。カウンセリングの場で共有し考えたことを，一人で反芻し，咀嚼吸収し自分の力に変えていくためには，時間が必要なのである。カウンセリングは，こうして二人で共有したものを，時間をかけてクライエントが内面化していく作業であるともいえよう。

　三つ目の意味は，各相談時間に1時間という枠があるということである。半ば無制限に時間が与えられているのではなく，1時間（場合によっては，40分などそれよりも短い時間）という極めて限られた時間という枠の設定が重要

な意味を持っている。カウンセリングには，もう一つの場所の限定という枠があるが，これら二つの枠組み，いいかえれば制限があることによって，言葉によるかかわりが大きな力を発揮するのである。

　前に述べたように，無条件の愛には，それにつりあうような無条件の絶対的な禁止が必要であった。同様に，言葉による（言葉だけによる）限定的な愛には，それにつりあうような限定的な枠組みが必要なのである。枠のない関係においては，言葉だけの愛はほとんど無力である。「いつでも，どこでも」の関係であれば，言葉だけでなく実行行為も必要になってこよう。「いま，ここで」だけの関係だから，言葉だけの愛が大きな力を発揮できるのである。

Ⅲ　共同注意

1　共同注意とは

　筆者は長く犬と暮らしているが，一抹の寂しさを感じるのは，彼らとともに同じものを見るという状況にあるときである。肩を並べて野原に座り，まわりの木々に目をやっているとき小鳥がやってきたとしよう。小枝に止まった小鳥を指差しても，彼らは私の指先を見つめるばかりで，その指し示す小鳥を見ようとしてくれない。一所懸命に働きかけても，私の顔と指先を交互に見るだけで，ともに小鳥を見ようとはしてくれないのである。

　動物との関係でいえば，「ともに見る」ことの力として山極（2003）が触れている，サルとの関係と人間同士の関係の次のような比較考察は興味深い。「（前略）人間がサルと違うのは，仲間と一緒に見ることで自分が感知した世界を共有しようとすることだ。（中略）仲間とともに見る行為をやめたとき，人間の社会は崩壊の危機に立たされる。私たちの視線には常に他者の思いが宿っている。それが人間の生きる力の源泉であり，社会をつくる基礎となっていることを忘れてはならないと思う。」

　さて，共同注意（joint attention；共同注視，共視）は，現象的には同じ対象をともに眺めている二人の行為のことであるが，そこでの互いの関係性に注目することが重要とされる。つまり，ただ単に同じ対象をともにながめているだけではなく，そこにある情緒的な交流が生じているのでなければならない。

　北山（2005）は，そこにおける二人と対象によって形作られる三項関係を，原象徴的三角形と名づけた。彼はこの関係を，江戸期の浮世絵を分析することによって見出した。その浮世絵に描かれている母子においては，互いに深い感情の交流が成立しており，そうした情緒的交流があるとき，二人は共視の関係にあるとしている。当然のことながら，共同注意が生じるためには，二人の間の信頼関係が前提とされている。

　そのことから，共同注意の関係は内集団のメンバー同士であることが多い（山口，2005）という指摘もある。内集団においては，互いに共通の志向や生

III 共同注意

活体験を有しているからである。冒頭に述べた,わが愛犬との関係について触れておくと,共同注意は成立しないが,互いに思い合い,心がつながっていることは間違いないと思っている。

共同注意の記念すべき最初の論文は,今から30年以上前の1975年にNature誌に発表された。スケイフとブルナー (Scaife & Brunere, 1975) による"乳児の共同注意の能力；The capacity for joint visual attention in the infant"というタイトルのものである。この研究は,2カ月から14カ月の乳児34名を対象として,視覚的な共同注意つまり共同注視（共視）の研究をおこなったものである。

乳児と母親は小さな (4.5×3 m) 実験室へ入る。実験室には窓があり,ビデオ・カメラで実験の様子が撮影されている。乳児が実験者と慣れるまで母親が同席するが,しばらくして実験者と二人きりになって,向き合って座らされる。互いの間隔は0.5 mで,乳児の真横1.5 mのところに目標となる電球がある。実験が始まると,実験者は黙って首を回転させ,7秒間だけ明かりのついた電球を見つめる。その際,乳児が実験者の視線を追うようにして首を回して電球をともに見れば,共同注意が成立したとするのである（図3.1）。

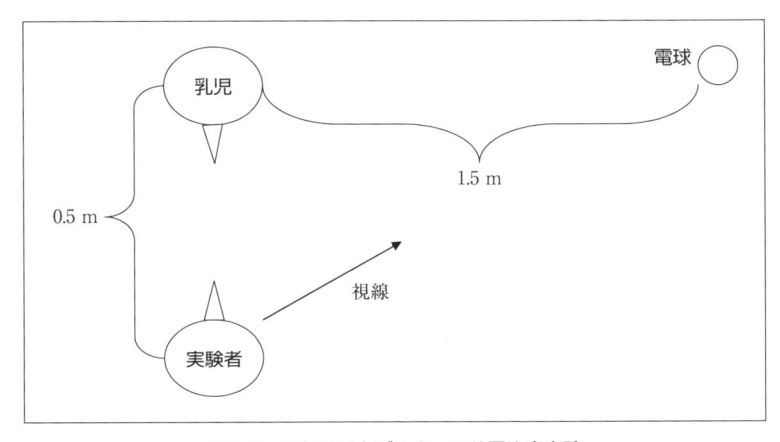

図3.1 スケイフとブルナーの共同注意実験

(Scaife, M. & Brunere, J.S. (1975). The capacity for joint visual attention in the infant. *Nature*, **253**, 265-266.)

第 3 章　共有体験

表 3.1　乳幼児の共同注意

月齢	人数	正の反応（％）
2〜4	10	3（30.0）
5〜7	13	5（38.5）
8〜10	6	4（66.5）
11〜14	5	5（100）

（Scaife & Brunere（1975）より作成）

　その結果，表3.1のように2〜4カ月の乳児では10人中3人が，5〜7カ月では13人中5人が，8〜10カ月では6人中4人が，11〜14カ月では5人全員が共同注意をおこなったというのである。この結果から，子どもは相当に幼いころから他者の視線を追うことができ，約1歳を過ぎるとほぼ全員が共同注意をおこなうということがわかった。

　こうした実験の方法は，現在でも基本的には踏襲されており，それは「相手の見る方向に乳児が気づき，その方向を見る能力を検討しようとするとき，他に手がかりがない条件のもとで，相手が頭と目とを一緒に同じ方向に回転させる場面を利用して，乳児の視線の動きを評価しようとするのは妥当な方法だから」（大藪，2004）であるという。

2　共同注意の種類

　ここまでの共同注意に関する議論は，じつは視覚的共同注意（共同注視；joint visual attention）に限定されていた。私たちが外界と交渉するための感覚は，視覚以外にも，聴覚，嗅覚，触覚，そして味覚がある。つまり五感と呼ばれる，五つの感覚によって私たちは外界と関係をしている。その中でも，遠感覚刺激である視覚刺激に関しては，データの取りやすさや実験場面の設定のしやすさなどから，研究が進んでいるという事情がある。同様に，遠感覚刺激である聴覚刺激や嗅覚刺激に関しては，おそらく今後の脳科学の進展によっては，研究対象として発展していくように思われる。

つまり、視覚刺激においてはビデオ撮影などによって、二者の行動が明確に観察されデータ化することが容易であったが、他の刺激においてはそれが困難だからである。例えば、聴覚刺激についていえば、実験者が音に気づいて耳を傾けるのと乳児が音に気づくのではどちらが先か、あるいはどのように互いが影響を与え合ったかが、ビデオ撮影ではデータ化できない。その際、音への反応に関する脳の変化を採取することが容易になれば、それらをデータ化して研究の対象とすることができるようになるであろう。

さて、さまざまな共同注意（共同注視）に関して、それらを分類する試みがおこなわれている。

表3.2は、大藪（2004）による記述を筆者が整理して作成したものである。彼によれば、これらの五つの共同注意は発達的に順に生じるが、それらはあとの段階のものが生じても前のものが消え去ることなく、重層的に同時に存在しうるものだという。この説明は、日常の生活経験に照らしても容易に理解できるもので、私たちはおとなとして他者とコミュニケートする際にも、これらの共同注意を使い分けたり、同時に使用したりしていることがわかる。つまり、共同注意はただ単に他者と並んで対象物を見るという三項関係のみをいうのではなく、互いに見つめ合ったり言葉を介したり、さまざまな次元でおこなわれているのである。

表3.2 構成形態による共同注意の分類

構成形態	発達段階	内容
前共同注意	新生児期	人間が持つ刺激特性を指向する生得的な能力
対面的共同注意	2カ月〜半年	子どもとおとなが互いの目を見つめる
支持的共同注意	半年〜9カ月	相手の視線を追跡して同じ方向や対象物を見る
意図共有的共同注意	9〜12カ月	三項関係がより緊密になり、対象物とおとなの両者に注意を配る
シンボル共有的共同注意	15〜18カ月	おとなによる言語的シンボルが指し示す対象物に気づく

（大藪（2004）p.22〜29の記述より、筆者が表に再構成した）

大藪（2004）は，また出現形態からの分類もおこなっている。それによれば，他者の視線を追って形成される追跡的共同注意，共同注意的かかわり，そして乳児が他者の視線を対象物に誘導することによって生じる誘導的共同注意の3種類に分けられるという。

3　共同注意場面と共感

映画やテレビドラマあるいは演劇などにおける共同注意場面と，それらを視聴している観客の共感感情について検討してみよう。やまだ（2005）は，小津安二郎監督の映画『東京物語』の場面を引き合いに出して，並ぶ関係と重ねの語りについて考察している。この映画の，老夫婦が熱海の海岸で並んで防波堤に座り，海を見つめながら言葉を交わす場面で，並ぶ関係と重ねの語りが同時に起こっていると述べている。

たしかに，この場面では夫婦である二人の人物は，とつとつとその場での思いを口にするだけであるが，その二人の後姿を見ている形の私たち観衆は，二人の気持ちが深いところで通い合っていることを無意識のうちに感じ取り共感しているのである。

こうした情景は，私たちが日常的にいつも体験している，というわけではない。しかしながら，幼いころの共有体験として，身近な信頼できる養育者との間で，共同注意の体験を重ねてきているからこそ，こうした映像に共感できるのであろう。スクリーンの中の二人は，今心が一つになっている，ということが自らの経験を参照しつつ，素直に腑に落ちるのである。

並ぶ関係における共同注意の再現は，とりわけ時代劇では頻繁におこなわれている。主人公が信頼する相手と語り合う場面でも，最初から最後まで座敷で向き合っていることはまれである。多くは，途中でいよいよ本心を吐露するとか，隠された秘密を明かす段になると，主人公は立ち上がり縁側から外を見る位置に立つ。すると，相手方も立ち上がり横に並んで立ったり，にじり寄って主人公の横に座る。こうした動きは，敵役の側も同じであって，悪代官と商人が向き合って悪巧みをしていても，いよいよ重要な場面では並ぶ位置関係になる。すると，そうした場面を見ている私たち視聴者は，「ああ，この二人は今

気持ちが一つになったのだな」と理解でき，場面の展開に共感できるのである。

　2008年にNHK総合テレビで放映された大河ドラマ『篤姫』では，主人公の篤姫と小松帯刀はしばしば桜島を並んでながめる位置関係が展開されていたのが，記憶に新しい。超長寿番組のTBSテレビ系列の時代劇『水戸黄門』では，後半のクライマックスで印籠が差し出されると，居並ぶ悪玉は皆平身低頭して誰一人反抗するものはない。印籠を共同注意する場面で，全員の気持ちが通い合い一つになっている（のだろう）ということが，私たちに伝わってくる場面である。

　幼いころ母の背に負われて，ともにながめた夕焼けや彼方の山々が，かつての典型的な共同注意の原体験であっただろう。最近では，こうした情景に出合うことがめっきり減少した。その代わりに，家族で自家用車に乗って，同じ方向を向いて長時間過ごす，盆や正月の高速道路の渋滞が，現代人の共同注意の原体験となっているのかもしれない。

Ⅳ 体験から学ぶ──体験的な学習・自然体験

1 体験から学ぶとは

　「いのち」という言葉は、あらゆる人間の営みを意味している。このことは筆者らの調査（近藤，2005）によっても明らかとなっている。つまり、誕生から死までの、日々の生活のあらゆる営みの中でのあらゆる体験が、「いのち」そのものであるといってよい。そういう意味では、体験から学ぶというのは「いのち」から学ぶということでもある。

　動物とのふれあいで学ぶこと、植物を育てたり観察したりすることから学ぶこと、野山へ出かけていって自然から学ぶこともある。これらは、「いのち」の中でも、まさに生命から学ぶということであるが、また一方で、「絵本から学ぶ」（藤井，2000）ということや、テレビやテレビゲームから学ぶということも、「いのち」から学んでいることである。要するに、これらのあらゆることが、体験から学ぶということであろう。

　ただ、一般に体験から学ぶというと、普段の生活の場から離れて、なにか特別な「体験」をすることで学ぶことを指していることが多いようである。筆者らが実施した「いのちの教育に関する全国実態調査」（近藤，2007）でも、このことが現れていた。そこで多くみられたのは、動植物の飼育・栽培体験、動植物の観察体験、地域の自然調査活動などの自然や動植物とふれあう「体験」や、遊びを創造する活動、音楽・演劇などの創作活動、高齢者との交流体験などの他者とふれあう「体験」であった。

　筆者としては、本書で主題としている基本的自尊感情の育成のための共有体験という視点からは、もう少し異なった発想が必要ではないかと考えている。それは、こうした共有体験は日々の生活の中で数多く重ねていくことが重要であること、そしてそのためには特別な「体験」ではなくて、日常のなにげない時間と場所の中で実現できなくてはならないと考えているからである。

　だから、特別な体験ではなく、普段の生活にある当たり前の体験こそが大切であり、そうした当たり前の体験において、身近な誰かとの共有がなされなけ

ればならないと考えている。

　その際重要なことは，子どもとおとなの波長を合わせることである。よかれと思って，おとなの側へ子どもを引っ張ってきても，子どもと共有体験（感情の共有）を実現させることは困難である。そうではなく，まずおとなが子どもの波長に合わせて，子どものそばへ寄り添っていくことが必要である。

　例えばテレビのアニメ番組で子どもが楽しんでいたら，おとなも「楽しみながら」子どもの横に近づいていくのである。ここで重要なのは，おとなが実際に「楽しみながら」近づくことである。楽しくないのに楽しげな様子を演じても，子どもに簡単に見破られてしまう。おとな自身がその番組を実際に心から楽しめることが必要で，そうなるまで密かに練習を繰り返し，楽しめるようになるまで子どもの横に並ぶべきではない。

　もし真にそのアニメ番組を楽しめるようになったら，そっと子どもの横に並んで一緒に楽しむことができる。その際，最初から最後まで無理をして（迎合して），番組のすべてを受容する必要はないだろう。子どもといっしょに楽しめるようになったら，部分的に否定したり部分的に肯定したりして，おとな自身の感じ方や考え方をつぶやいてみることもよいかもしれない。そうすることで，おとなの感じ方や考え方を理解することができるし，なにより子ども自身の感じ方や考え方と一致して，そのときまさに共有体験が実現するかもしれないのである。間違ってもしてはいけないのは，子どもに迎合して「まるまる全部を肯定」したり，「全否定」したりしないことである。

　要するに，少し工夫したり努力することで，ごく日常の普段の生活の中のあらゆる場面で，「体験から学ぶ」ことはできるのではないかということである。

　ついでにいえば，体験的に学ぶことをめざして，外遊びや体を使った遊びを奨励する目的で「ノーテレビ（ノーテレビゲーム）・デー」を設定するという実践（「命の大切さ」を実感させる教育プログラム構想委員会，2006）がみられる。そうした実践の報告を読むと，結局のところほとんど実効を挙げないまま終わっている。現実に，今の家庭でテレビを見ない（スイッチを入れない）ということは，ほとんど不可能に近いのではないだろうか。そこで筆者が提唱しているのは，「一緒にテレビ・デー」である。先ほど述べたように，子ども

とおとなが一緒になってテレビ（テレビゲーム）を楽しむほうが，共有体験の実現の近道なのではないだろうか。

2　体験から学ぶ

　大正デモクラシーの時代，世界中で起こった新教育の波が日本にも押し寄せ，多くの自由教育・新教育の学校が設立され，あるいはそうした実践がおこなわれた。そうした自由主義的で児童中心主義的な学校は，新学校と呼ばれた。山本（1987）によれば，西山哲次の帝国小学校（明治45年設立），中村春二の成蹊実務学校（同45年），沢柳政太郎の成城小学校（大正6年），羽仁もと子の自由学園（同10年），赤井米吉の明星学園（同13年），野口援太郎の児童の村小学校（同13年）などが設立されたほか，各地の師範学校付属小学校でも実践が展開されたとのことである。全人教育で知られ，成城小学校の創立にも関わっていた小原国芳の玉川学園（昭和6年）なども，そうした流れの一つと考えられる。大正から昭和にかけて，そうした学校で学んだ人びとの数は決して多くはなかったであろうが，この教育運動は日本の教育界に大きな影響を与えたのであった。

　羽仁もと子の自由学園もその一つで，筆者がその幼稚園である幼児生活団で過ごしたのは，昭和20年代（1950年代）の数年間のことであった。つまり，大正デモクラシーの時代はその後の第二次世界大戦へ向けての政治の動きのなかで勢いを失い，教育の面でも大きな弾圧を受けていったのであるが，戦争を通じてもその種火は消えることなく，戦後の教育界へと受け継がれていったのであった。

　自由学園での体験で思い出されることは，半世紀を経た今極めて断片的なことばかりであるが，クリスマス会や誕生会の楽しかったことや，草花を育てたこと，ニワトリ小屋に入っていって恐る恐る世話をしたり，たまごを集めたりしたことは，ありありと記憶に残っている。まさに，体験を重視した，児童中心の教育が実践されていたように思い出されるのである。羽仁は，1908年には雑誌『婦人之友』を発刊し，その読者による「友の会」によって，生活改善運動を展開した（橋本，1982）。今でも筆者の手元にある卒園記念の集合写真

Ⅳ　体験から学ぶ——体験的な学習・自然体験

に羽仁もと子先生の姿を見ると，戦後の日本の教育に力を注ぎ意欲に燃えていた教育者の意気込みを感じさせられる。

　その後現在に至るまで，シュタイナーの理念に基づいた学校づくり，オープン・スクールの実践，中高一貫教育の展開など，さまざまな教育実践が試みられている。また，学習指導要領の改訂によって総合的な学習の時間が創設されるなど，教育全体の動きのなかに児童・生徒の自発性や主体性に基づいた行動や活動が奨励されてきている。しかし，橋迫（1982）が懸念しているように，オープン・スクールといいつつも，校舎新築や改築の際にオープン・スペースにしたものの，その活用が不十分でもてあましている場合も少なくない。また，2011年度から小・中学校で実施される新しい学習指導要領では，前回の改訂で鳴り物入りで導入された総合的な学習の時間が早くも削減されるなど，迷走状態を呈しているといってもよいような，一種の模索状態にあるようにも思われる。

　こうした状況は，社会・経済的な動きや，児童・生徒・学生の学力低下論議，さらには諸外国との学力比較など，さまざまな要因が絡み合って生じている。OECDが3年おきに実施している，世界的な規模の学力調査（国立教育政策研究所，2007）で，日本の子どもの学力が回を重ねるごとに低下していることなども，学力論争に拍車をかける要因の一つとなっている。フィンランドが毎回の調査でトップクラスの成績を残していることから，教育関係者のフィンランド詣でが続いていることなども注目に値することの一つである（教育科学研究会，2005）。

　そうしたなかで，最近ではアメリカを中心とした諸外国から導入された，野外体験を重視したプログラム（工藤，2002；徳山ら，2004）や，コミュニケーション技術としてのアサーション・トレーニング（平木，1993），精神科領域を源とするソーシャル・スキル・トレーニング（SST）の活用（鈴木ら，1997），さらにそこで用いられる方法としてのロール・プレイングの技法などにも注目が集まっている。一般に，自分の意見を持って発言できること，つまりプレゼンテーションの能力が重視される方向にあるように感じられる。近年大学入試の方法として定着しているAO入試などでも，そこで問われるのは

発表内容のオリジナリティと，その発表能力そのものである場合が多い。

〈文献〉

Bowlby, J. (1969). *Attachment and Loss, Vol. 1 : Attachment*. Basic Books.（ボウルビイ，J.（著），黒田実郎ほか（訳）『母子関係の理論Ⅰ：愛着行動』岩崎学術出版社，1976）

Friedman, L.J. (1999). *Identity's Architect : A Biography of Eric H. Erikson*. Simon & Schuster.（フリードマン，L.J.（著），やまだようこ・西平直（監訳）『エリクソンの人生——アイデンティティの探求者・上』新曜社，2003）

藤井裕治「がんを病む子どもたちへのデス・エデュケーション」『現代のエスプリ』第 394 号，165-174，至文堂，2000

橋本紀子「羽仁もと子」平原春好・寺崎昌男（編）『新版教育小事典』255，学陽書房，1982

橋迫和幸「オープン・スクール」平原春好・寺崎昌男（編）『新版教育小事典』19，学陽書房，1982

Heider, F. (1958). *The Psychology of Interpersonal Relatios*. New York : John Wiley & Sons.（ハイダー，F.（著），大橋正夫（訳）『対人関係の心理学』誠信書房，1978）

平木典子『アサーション・トレーニング——さわやかな「自己表現」のために』日本・精神技術研究所，1993

「命の大切さ」を実感させる教育プログラム構想委員会『「命の大切さ」を実感させる教育への提言』兵庫県教育委員会，2006

角田豊「共感経験尺度の作成」『京都大学教育学部紀要』**37**，248-258，1991

角田豊「共感経験尺度改定版（EESR）の作成と共感性の類型化の試み」『教育心理学研究』**42**，193-200，1994

北山修「共視母子像からの問いかけ」北山修（編）『共視論——母子像の心理学』7-46，講談社，2005

小林隆児「自閉症の人々にみられる愛着行動とコミュニケーション発達援助について」『東海大学健康科学部紀要』**4**，1999

小林隆児「社会情緒的発達と言語認知的発達をつなぐもの——自閉症の関係障害臨床」『東海大学健康科学部紀要』**5**，2000

国立教育政策研究所（監訳）『PISA 2006 年調査評価の枠組み――OECD 生徒の学習到達度評価』ぎょうせい，2007
近藤卓「『いのち』のイメージに関する調査（第 1 報）――いのちの教育の実践のために」『学校保健研究』**47**, suppl., 2005
近藤卓（編著）『いのちの教育の理論と実践』金子書房，2007
久保田まり「母子関係」青柳肇・杉山憲司（編）『パーソナリティ形成の心理学』98-117，福村出版，1996
工藤亘「体験学習による小学 5 年生の自己概念の変容と効果――玉川アドベンチャープログラム（tap）の実践を通して」『学校メンタルヘルス』**5**, 99-105, 2002
鯨岡峻『ひとがひとをわかるということ――間主観性と相互主体性』ミネルヴァ書房，2006
教育科学研究会『なぜフィンランドの子どもたちは「学力」が高いか』国土社，2005
モリス・D（著），藤田統（訳）『マン・ウォッチング』小学館，1980
岡本夏木『子どもとことば』岩波書店，1982
大藪泰『共同注意――新生児から 2 歳 6 ヶ月までの発達過程』川島書店，2004
Rogers, C.R. (1942). *Counseling and Psychotherapy*. Houghton Mifflin Company.（ロジャーズ，C.R.（著），佐治守夫（編），友田不二男（訳）『ロージァズ全集 2　カウンセリング』岩崎学術出版社，1966）
Scaife, M. & Brunere, J.S. (1975). The capacity for joint visual attention in the infant. *Nature*, **253**, 265-266.
新村出（編）『広辞苑第二版』岩波書店，1969
鈴木丈・伊藤順一郎『SST と心理教育』中央法規出版，1997
徳山美知代・田辺肇「プロジェクトアドベンチャー（PA）の手法を用いたプログラムの活動特性と参加者の変化のモデル化」『学校メンタルヘルス』**7**, 53-63, 2004
やまだようこ「共に見ること語ること――並ぶ関係と三項関係」北山修（編）『共視論――母子像の心理学』73-87，講談社，2005
山極寿一「『共に見る』ことの力」（e メール時評）朝日新聞 2003 年 2 月 5 日
山口裕幸「タテ社会における視線」北山修（編）『共視論――母子像の心理学』159-176，講談社，2005
山本正美「第 2 部日本の教育第Ⅳ章近代の教育」田中克佳（編）『教育史――古代か

第 3 章　共有体験

ら現代までの西洋と日本を概説』221-242，川島書店，1987

第4章　基本的自尊感情を育む共有体験

I　自尊感情・自己効力感と共有体験の関係
　　──大学生を対象とした調査から

1　問題の所在

　近年，教育現場のみならず家庭や地域社会においても，「いのちの教育」への関心が高まっている。そうしたなかで，そもそも「いのち」をどう捉えるかといった議論も盛んである。

　曽我ら（2001）は短大生を対象にした振り返り調査で，「死」や「いのち」について考えたときの気持ちや思いについて因子分析を行い，「根源的な問い」「生きる意志」「苦しみ・困難」など六つの因子を明らかにした。上薗（1996）は子どもの死の意識と経験について調査し，その結果から以下の知見を得ている。「子どもたちは死んだ動物を見ても，（中略）死ぬのはどういうことか自ら誰かに尋ねるわけではない」。また，黒沢（1998）の中学生を対象に実施した調査によれば，死別体験時の話し合いの有無が死について考える頻度に影響を与えているが，死別体験そのものの影響はみられなかった。

　一般に，近代化・都市化や核家族化の結果，子どもたちが死や「いのち」の実感を持ちにくくなっているといわれる。つまり，上薗（1993）がいうように，「子どもたちは，いびつな情報とタテマエとしての生命尊重の暗がりで死について考えている」のかもしれない。それはいいかえれば，子どもたちが自

分自身の存在の意味を模索し，不安と孤独感から自尊感情の揺らぎが生じているということかもしれない（近藤，2002 a）。

現在教育現場で行われている「いのちの教育」は，その実践を行う授業者・教育者の考えや経験によって，散発的に，実験的な試みとして行われている場合が多い（近藤，2002 b，2003，2007）。そうしたなかで，「いのちの教育」の方法として，筆者は共有体験の重要性を指摘している（近藤，2007）。

こうした状況認識に立って，死別経験などの「いのち」を考える体験をしたときに，誰かと話したり誰かと考えたり誰かと泣いたりすることを共有体験と定義し，まずその体験と自己概念の関係を明らかにする必要があると考えるに至った。そこで，本研究は大学生を対象として，「いのち」について考える体験をした際の共有体験の有無と，自己概念および「いのち」に関する意識との関係を明らかにすることを目的とした。

2　対象と方法

（1）対象と手順

第一次予備調査は，2003年10月9日に神奈川県内のA大学の学生36名を対象に実施し，調査票のレイアウトや質問順を検討し，第二次予備調査を2003年10月18日に同じくA大学の学生61名を対象に実施した。これによって，調査方法の適否や妥当性を検討し，また自由記述項目を分類することによって質問項目編成の資料とした。

本調査は2003年11月から2004年6月にかけて千葉県，神奈川県，東京都内の7大学の学生810名を対象とし，質問紙による集合調査法で実施した。有効回答数は544，回収率は67.1％であった。平均年齢は20.46歳，男女比は男性が31.8％，女性67.6％，無回答0.6％であった。

（2）調査内容

調査票は，フェイスシートで対象の属性と死別経験をたずね，その他は自己概念を測定する尺度と，「いのち」について考えた経験についての2部構成となっている。

前半の自己概念を測定する尺度には，ローゼンバーグの自尊感情尺度を，山本らが邦訳したもの（1982）と，特性的自己効力感を測定するためにシェラーが作成した自己効力感尺度の，成田ら（1995）による邦訳を使用した。

後半は，「いのち」に関する事柄について考える頻度，「いのち」について考えた経験に関する質問（時期，きっかけ，気持ち，そのときの共有体験の有無とその内容）の領域から構成される。

3　結果
（1）死別体験の有無
身近な「死をともなった別れ」を体験したことがあるか，という質問に対して「はい」は81.8％，「いいえ」は16.4％，無回答は1.8％であった。

（2）自尊感情と自己効力感
自尊感情尺度については，平均値は31.82，標準偏差6.624であった。平均値は尺度で一般化されている平均値26.32（標準偏差3.45）よりも高い値を示した。

自己効力感の平均値は69.57，標準偏差は10.371であった。成田ら（1995）の調査によると平均値（標準偏差）は76.45（13.70）であり，本調査の結果はそれよりも低い値となった。

（3）自己概念といのちについて考える頻度の関係
自尊感情および特性的自己効力感と，「いのちについて考えることがある」「いのちに限りがあると考えることがある」「健康は何よりも大切だと考えることがある」「いのちは何よりも大切だと考えることがある」などの質問に関する相関関係を表4.1に示した。

自尊感情と特性的自己効力感の間には相関関係が認められた（$r=.420$, $p<.001$）。また，自尊感情と「健康は何よりも大切」（$r=.125$, $p<.01$），特性的自己効力感と「いのちについて考える」（$r=.159$, $p<.001$）「健康は何よりも大切」（$r=.100$, $p<.05$）「いのちは何よりも大切」（$r=.100$, p

表4.1 自尊感情および特性的自己効力感といのちに関する事柄について考える頻度

		①	②	③	④	⑤	⑥
①自尊感情尺度	Person の相関係数	1					
	有意確率（両側）	.					
	N	544					
②特性的自己効力感	Person の相関係数	.420**	1				
	有意確率（両側）	.000	.				
	N	544	544				
③いのちについて考える頻度	Person の相関係数	−.041	.159**	1			
	有意確率（両側）	.336	.000	.			
	N	542	542	542			
④いのちに限りがあると考える頻度	Person の相関係数	−.025	.024	.467**	1		
	有意確率（両側）	.562	.582	.000	.		
	N	542	542	542	542		
⑤健康は何よりも大切だと考える頻度	Person の相関係数	.125**	.100*	.178**	.133**	1	
	有意確率（両側）	.004	.020	.000	.002	.	
	N	541	541	541	541	541	
⑥いのちは何よりも大切だと考える頻度	Person の相関係数	.060	.100*	.336**	.252**	.523**	1
	有意確率（両側）	.166	.021	.000	.000	.000	.
	N	540	540	540	540	540	540

＊＊相関係数は0.1％で有意　＊相関係数は5％で有意

<.05）などの相関が認められた。

「いのちについて考える」と「いのちに限りがある」（r＝.467, p<.001)「いのちは何よりも大切」（r＝.336, p<.001）には相関が認められた。「いのちに限りがある」と「健康は何より大切」（r＝.133, p<.01)「いのちは何よりも大切」（r＝.252, p<.001）との間にも相関が認められた。また，「健康は何よりも大切」と「いのちは何よりも大切」の間にも相関が認められた（r

$= .523$, $p < .001$)。

(4) 自己概念と共有体験の関係

　自尊感情尺度の平均値±標準偏差の値をカット・ポイントとし，39より高い得点の対象を自尊感情高群，25より低い得点の対象を自尊感情低群とした。特性的自己効力感においてもカット・ポイントを平均値±標準偏差とし，80より高い得点を特性的自己効力感高群，59より低い対象を特性的自己効力感低群とした。

　いのちについて考える体験をした際に共有体験をした，つまり「誰かと何かした」かどうかという共有体験の2群と，自尊感情および特性的自己効力感のクロス集計を行いχ^2検定を用いて独立性を検定した（表4.2，4.3）。

　いのちについて考える体験をした際に，誰かと泣いた，あるいはひとりで泣いたという共有体験の2群と自尊感情との，独立性の検定において有意差がみられた（$p < .05$）。誰かと泣いた以外に「誰かと話した」「誰かと考えた」という共有体験についても同様の手順で検討を行ったが，自尊感情との有意な関係性は認められなかった。

　いのちについて考える体験をした際に，誰かと泣いた，あるいはひとりで泣いたという共有体験の2群と特性的自己効力感との，独立性の検定において有

表4.2　自尊感情尺度と誰かと泣くという共有体験

	誰かと泣いた	ひとりで泣いた	合計
自尊感情 低い群	10 38.5%	14 70.0%	24 52.2%
自尊感情 高い群	16 61.5%	6 30.0%	22 47.8%
合計	26 100%	20 100%	46 100%

自由度＝1　$p < .05$

第 4 章　基本的自尊感情を育む共有体験

表 4.3　特性的自己効力感と誰かと泣くという共有体験

	誰かと泣いた	ひとりで泣いた	合計
特性的自己効力感 低い群	8 28.6 %	14 70.0 %	22 41.5 %
特性的自己効力感 高い群	20 71.4 %	11 30.0 %	31 58.5 %
合計	28 100 %	25 100 %	46 100 %

自由度＝1　$p<.05$

意な関係がみられた（$p<.05$）。誰かと泣いた以外に「誰かと話した」「誰かと考えた」という共有体験についても同様の手順で検討をおこなったが，有意な関係性は認められなかった。

（5）共有体験といのちに関して考える頻度の関係

「普段の生活の中で，次のような思いをどの程度もつことがあるか，お答えください。」として「いのちについて考える」「いのちに限りがある」「健康は何よりも大切だ」「いのちは何よりも大切だ」の各質問に対して，1（まったく考えることはない）から5（よくある）の5件法で回答を求めた。その結果から，1，2を「考えない群」，3を中群，4，5を「考える群」として3群に分けた。また，「いのちについて考えることがある」に5件法で回答を求めた結果，「まったく考えることはない」，「あまりない」を回答した群はその後のいのちについて考えた体験について回答を求めていないので，ここでは「どちらでもない」と回答した群を中群として「時々ある」「よくある」と回答した群を「考える群」として2群に分けクロス集計を行った（表4.4，4.5）。

まず，「いのちについて考える」頻度と共有体験には有意な関係がみられた（$p<.01$）。つぎに，「いのちに限りがある」と考える頻度と「誰かと話した」という共有体験にも，有意な関係が認められた（$p<.05$）。「誰かと泣いた」

Ⅰ　自尊感情・自己効力感と共有体験の関係——大学生を対象とした調査から

表 4.4　いのちについて考える頻度と共有体験の有無

		共有体験あり	共有体験なし	合計
いのちについて考える頻度	中群	19 21.3 %	24 42.9 %	43 29.7 %
	考える群	70 78.7 %	32 57.1 %	102 70.3 %
	合計	89 100 %	56 100 %	145 100 %

自由度＝1　p＜.01

表 4.5　いのちに限りがあると考える頻度と誰かと話すという共有体験

		誰かと話した	共有体験なし	合計
いのちに限りがあると考える頻度	考えない群	5 3.4 %	14 6.9 %	19 5.4 %
	中群	20 13.7 %	12 5.9 %	32 9.2 %
	考える群	121 82.9 %	177 87.2 %	298 85.4 %
	合計	146 100 %	203 100 %	145 100 %

自由度＝2　p＜.05

「誰かと考えた」という共有体験については，関係性は認められなかった。「健康は何よりも大切」と考える頻度と共有体験には，有意な関係は認められなかった。「いのちは何よりも大切」と考える頻度と「誰かと話した」という共有体験には，有意な関係が認められた（p＜.05）（表4.6）。「誰かと泣いた」「誰かと考えた」については，関係は認められなかった。

表 4.6 いのちは何よりも大切だと考える頻度と誰かと話すという共有体験

		誰かと話した	共有体験なし	合計
いのちは何よりも大切と考える頻度	考えない群	3 2.1%	14 6.9%	19 4.9%
	中群	16 11.0%	31 15.3%	47 13.5%
	考える群	127 87.0%	157 77.7%	284 85.4%
	合計	146 100%	202 100%	348 100%

自由度＝2　p＜.05

表 4.7 いのちについて考える頻度と死別経験の有無

		死別経験あり	死別経験なし	合計
いのちについて考える頻度	考えない群	58 14.4%	21 25.9%	79 16.3%
	考える群	346 85.6%	60 74.1%	406 83.7%
	合計	404 100%	81 100%	485 100%

自由度＝1　p＜.01

(6) 死別経験の有無といのちに関して考える頻度および自己概念の関係

　死別経験の有無と「いのちについて考える」頻度の間には，有意な関係が認められた（p＜.01）（表 4.7）。それ以外の項目，「いのちに限りがある」「健康は何よりも大切」「いのちは何よりも大切」と死別経験については，統計的に有意な関係は認められなかった。

　同様に，いのちに関して考える頻度の 4 項目と自尊感情および特性的自己効

力感との関係も調べたが，いずれについても統計的関係は認められなかった。

4 考察
（1）自己概念といのちに関する事柄について考える頻度の関係について

結果（3）で述べたように，自尊感情および特性的自己効力感といのちに関する事柄について考える頻度との間には，いくつかの関連がみられた。自尊感情は「健康は何よりも大切」との，特性的自己効力感は「いのちについて考える」「健康は何よりも大切」「いのちは何よりも大切」の3項目との有意な関係が認められた。

自尊感情はローゼンバーグが，とてもよい（very good）ではなく，これで十分だ（good enough）と定義した感情である（Rosenberg, 1989）。他者との比較でなく，自分自身を無条件に受け入れようとする感情である。自己効力感とは，自分の行動についてその遂行可能性に関する認知の程度である（Bandura, 1977）。したがって，その場の状況やそのときの心身の状態あるいは過去の成功体験などによって，容易に変化する認知感情であるともいえる。それに対して，特性的自己効力感尺度は，そうした自己効力感のうち比較的変化しにくい部分について注目し，それを数値化して測定しようとしたものである。

つまり，自尊感情も特性的自己効力感も，そのときその場での他者との関係や状況から生み出される感情ではなく，無条件・本質的にその人に備わった自分と自分の力を受け入れ認める感情だといえよう。こうした点からみて，今回のいのちに関する事柄を考える頻度との正の相関は，十分推測できることであろう。自分を受け入れ，自己の存在を認める感情があれば，自分のいのちや健康について配慮することは当然だと考えられるからである。

（2）自己概念と共有体験の関係について

結果（4）で示したように，自尊感情および特性的自己効力感と共有体験の間の相関は，「誰かと泣いた」の1項目のみが有意であった。その他の共有体

第 4 章　基本的自尊感情を育む共有体験

験として「誰かと話した」「誰かと考えた」についても調べたが，それらと自己概念（自尊感情および特性的自己効力感）には有意な関係は認められなかった。

　筆者らはカウンセリングの臨床経験から，話を聞きその内容に共感し，ともに共有する時間と空間と思いが確認できたとき，クライエントが自己を受容し成長していくことを認識している（近藤，1998）。つまり，共有体験においてともに話を聞いたり考えたりすることには，大きな力があると考えている。

　本調査では，死別体験のような「いのち」を考えるような体験をした際の，共有体験のありようをたずねた。そうした深刻な状況においては，話を聞いたり考えたりするだけでなく，ともに泣くような深い共感の状況が必要とされるのかもしれない。そのため，「誰かと泣いた」と自己概念に相関がみられたとも考えられる。

　ただ，本調査において明らかとなった相関関係は，あくまでも因果関係ではない。つまり，「誰かと泣いた」からその結果として自尊感情や特性的自己効力感が高まった，という因果関係が証明されたのではない。自尊感情や特性的自己効力感の得点が高いから，その結果として「誰かと泣く」という行為が行われたのかもしれないのである。

（3）自己概念といのちに関する考えおよび共有体験の関係について

　結果（4）と結果（5）で示した，自己概念といのちに関する事柄について考える頻度，いのちについて考える体験をした際の共有体験の関係性について図 4.1 にまとめて示した。

　本研究のおもな目的は，大学生の自己概念と共有体験の関係を明らかにすることであった。図に示したように，自己概念と「誰かと泣いた」という共有体験には有意な相関が認められた。つまり，「誰かと泣く」という体験をしたものは自尊感情と特性的自己効力感が高いということになる。しかし，それは必ずしも因果関係を示すものではない。

　また，共有体験といのちに関する事柄について考える頻度にも，相関が認められた。ここでの共有体験は「誰かと話した」ということで，「誰かと泣いた」

I 自尊感情・自己効力感と共有体験の関係――大学生を対象とした調査から

いのちについて考える体験をした際の共有体験の有無

```
         誰かと話した        誰かと泣いた
              d.f.=1  p=.045  p<.05   d.f.=1  p=.034  p<.05
d.f.=1  p=.021  p<.05
                    d.f.=1  p=.043  p<.05
  いのちには限りがあると考える頻度          自尊感情
  いのちは何よりも大切と考える頻度        特性的自己効力感
```

いのちに関する事柄について考える頻度　　　　　　　　　　　自己概念

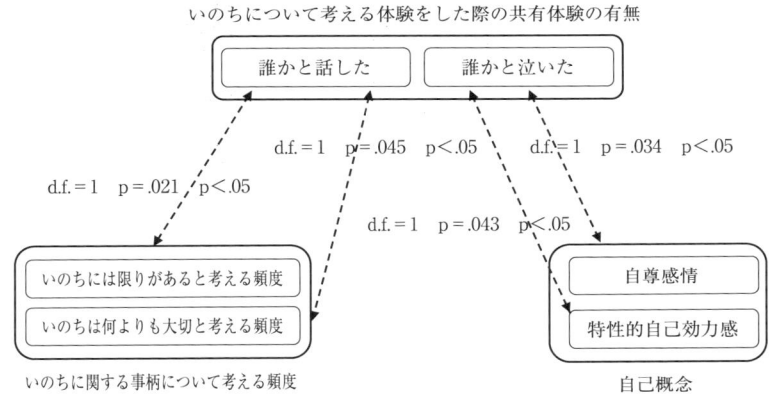

図4.1　自己概念といのちに関する考えおよび共有体験の関係

ではない。「話す」と「泣く」では情動のレベルの差があるが，それらが長期にわたって変動しにくい自己概念と，比較的短期的に変動しうる「いのちに関する事柄について考える頻度」という異なった心の働きと関係している点は興味深い。ただ，それらを共有体験としてまとめて考えれば，共有体験を媒介として自己概念と「いのちに関する事柄について考える頻度」に何らかの関係があることを示唆しているといえよう。

(4) 調査の限界性について

本研究にはいくつかの限界性がある。まず，本調査の対象は有意抽出であり，また男女比や社会的地位，出身地などの属性に偏りがあり母集団の代表性に欠けるものである。したがって，本調査を一般化して結論づけることはできない。

二つ目には，本調査は振り返り調査であるために，実際に現在実践されているいのちの授業を受けている児童・生徒や，あるいはこれからいのちの授業を受けるであろう児童・生徒の実態を把握するものではない。本研究は実践に向けた理論の構築が最終目的であるために，今後は小学生，中学生にも調査対象を広げて調査すべきである。

三つ目には，本研究は横断的調査であるために変数間の関係性のみが明らか

になり，因果関係を明らかにすることはできなかった。実践に向けた理論化には因果関係を明らかにする必要がある。そのためには，小学生・中学生を対象としたフォローアップ調査が必要となってくるであろう。

5　まとめ

　本研究にはさまざまな限界があるが，いのちについて考える体験やその際の共有体験と自己概念の関係性を，いくつかの点で示すことができた。

　死別経験の有無と，いのちについて考える頻度の間に有意な関係が認められた。それは，いのちを考える体験のきっかけとして「死」という回答が多かったことからも明らかなように，死別経験という衝撃的な体験をしたことで，いのちについて考える頻度が高くなったのだろうと推察できる。しかしながら，死別経験と「いのちや健康を大切に考える」頻度や「いのちに限りがあると考える」頻度との間には関係性を見出すことはできなかった。

　都市化や核家族化が進み，病院で死を迎えるようになったことなど，社会の変化から死が身近にないために，いのちに対する意識が希薄なのではないかといった議論がある。しかし，本研究の結果は，死別経験をしているかどうかではなく，そうしたいのちを考える体験をした際にしっかりと共有体験ができているかどうかのほうが重要であることを示唆しているのである。

Ⅱ　カウンセリング事例にみる共有体験——高等学校における実践事例から

1　はじめに

　本節では，高等学校におけるスクール・カウンセリングの実践事例をとおして，共有体験のひとつの例をみていくことにしたい。学校教育の場にカウンセリングあるいは相談的な活動が導入されてからすでに久しく，初等・中等教育の場でもとりたてて稀有(けう)な存在ではなくなってきた。とりわけ1994年の中学生のいじめによる自殺事件を受けて，1995年度から当時の文部省の主導で，臨床心理士を中心とした心理臨床家が学校に導入され始めてからは，一気にその存在が知られるようになった。

　その必要性については，学校の現場で古くからいわれており，例えば東京都内の公立高等学校教諭を対象とした調査（今井，1982）では，大学の教員養成課程に「教育相談」が必要であるとか，専任の教師カウンセラーが必要であるなどの結果が報告されている。

　もちろん，当時からすでになんらかの相談的な活動を始めている学校も少なくなかった。中学校と高等学校を対象とした全国調査（高橋，1983）によれば，教育相談室を設置している学校は中学校で60.0％，高等学校で57.1％となっている。同じく，教育相談担当者を決めている学校は，中学校で20.2％，高等学校で46.2％であり，担当者が置かれてから10年以上の学校が中学校で18.2％，高等学校で38.9％となっている。同様な調査は各地で行われており，東京都の私立学校を対象とした調査では，学校によって大きな差があることが示されている（東京都私立学校教育振興会，1985）。

　学齢期の子どもにとって，学校という場は日常的な生活の場であると同時に，貴重な共有体験の場でもある。それは，同級生や下級生・上級生などの，児童・生徒同士のかかわりの中でも実現されるが，教員とのかかわりの中でも体験されることである。

　共有体験の視点からいえば，学級担任や教科担任，さらには校長や教頭など

の管理職なども無視できない存在であるが、スクール・カウンセラーが配置されている場合は、その存在は極めて重要であるといえよう。それは、カウンセリングの場においては、カウンセラーとクライエントが時間と場所を共有しながら、思いを共有するという、濃密な共有体験のひとつの典型的な実際が展開されるからである。

そこで本節では、まずある高等学校でのカウンセリング活動の全体像を示した後、そこで展開された個人カウンセリングの事例を一つ、詳細にみていくことにしたい。なお、事例についてはプライバシー保護の観点から、地名、職業、年齢などを改変してある。

2　A高等学校におけるカウンセリング活動
（1）A高等学校の沿革とカウンセリング室設置の経緯

A高等学校（以下本校とする）は、東京都区部に所在する私立の男女共学の学校である。部活動や進路指導にも力を入れており、大多数の生徒は進学を希望している。生徒数は約1,500名で、約6割が男子生徒である。

この学校のカウンセリング室は1981年に開設された。開設に至る背景要因として、以下のものが考えられる。

まず第一に、生徒側からのニーズがあったということである。学校内で実施されたアンケートなどで、生徒たちはさまざまな問題や悩みを抱え、それを教師や保護者以外の誰かに相談し援助を求めていることがわかっていた。

また、カウンセリング室設置を受け入れる側の学校の状況が熟していた。学級担任は生徒を集団的に捉え指導をおこないがちで、個々の生徒と個別に対応し理解を深めるには、時間的かつ技術的に限界があると考えられていた。そこで、学級の壁を超えた生徒への教育相談的なかかわりの必要性が、教師の側に認められた。また、学級担任が生徒とかかわる上でのコンサルテーションを必要としていた。

さらには、こうした状況を認識した上で、カウンセリング室設置による経営上・教育上の利点について、学校長をはじめとする管理者側の認識と理解があった。

こうした学校環境の中で，カウンセリング室を設置しカウンセラーを配置することで，カウンセリング活動がスタートした。

(2) カウンセリングの実際

1981年から1991年までの11年間での，全体の来談者数は340名で，表4.8に示したように男女比ではやや女子のほうが多い傾向にある。学年別にみると1年生が多く，2年生，3年生の順に少なくなっている。全体でみると，1年生の女子が最も多く，3年生の男子が最も少ないことになる。

相談内容では，図4.2に示したように全体としては友人関係やクラブ活動が多い。また，不登校も多い。男女別にみると，男子ではクラブ活動が多く，女子では友人関係が多い傾向にある。

相談内容を性別・学年別に細かくみていくと，いくつかの特徴が浮かび上がってくる。男子では，性格，進路，異性などは3年生に多く，クラブ，友人，転退学，不登校などは低学年ほど多い。女子では，男子と同様に進路，異性などは3年生に多く，クラブ，友人，家族，転退学，不登校などは1，2年生に多い。

来談の経緯では表4.9のように，全体の76％が本人の意思で来談しており，先生の勧めによるものは19.1％と少なくない。このほか，親の勧めによるものが3.1％で，友人の進めによるものもわずかながらある。

相談の形態では，面接によるものが大多数で83.5％となっている。このほか，電話のみによる相談が11.8％，手紙のみによるものが2.4％であった。

表4.8 男女別・学年別利用者数（10年間）

	男子(％)	女子(％)	合計(％)
1年生	83(46.6)	95(53.4)	178(100)
2年生	57(53.8)	49(46.2)	106(100)
3年生	26(46.4)	30(53.6)	56(100)
合計	166(48.8)	174(51.2)	340(100)

第 4 章　基本的自尊感情を育む共有体験

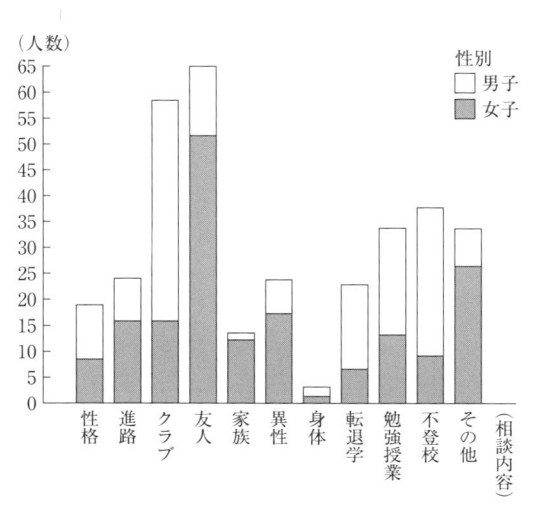

図 4.2　相談内容

表 4.9　来談の経緯

	本人の意思(%)	先生の勧め(%)	親の勧め(%)	その他(%)	合計(%)
男子	98(72.1)	27(19.9)	7(5.1)	4(2.9)	136(100)
女子	121(79.6)	28(18.4)	2(1.3)	1(0.7)	152(100)
合計	219(76.0)	55(19.1)	9(3.1)	5(1.7)	288(100)

面接による相談でも，電話や手紙で相談が開始される場合もあるし，相談の過程で電話や手紙が使われる場合もあるが，統計上はそれらをのぞいている。

実際の相談では，全体では単独で来るものが 59.7 ％と多いが，男子ではさらに多く 65.5 ％となっており，女子では 54.3 ％であった。

月別の来談者数をみると（図 4.3），全体としては新学期が始まって学校が落ち着き始める 5 月 6 月が最も多い。ついで多いのが夏休み明けの 9 月と 11 月，そして新学期早々の 4 月である。学年別にみると，1 年生は入学早々の 1 学期に多く，2 年生は夏休み明けの 2 学期が多い。3 年生は 1 学期に多く，2

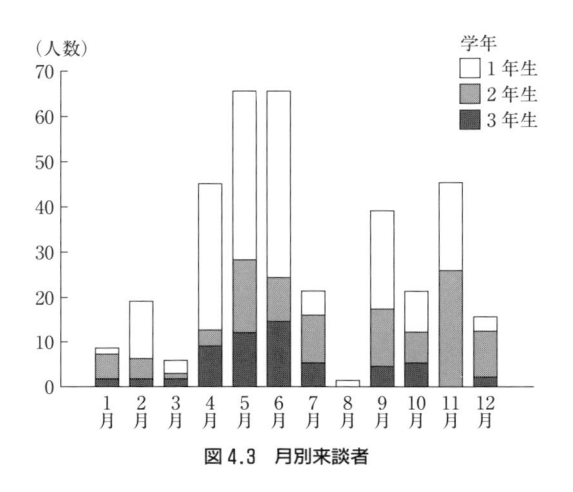

Ⅱ　カウンセリング事例にみる共有体験——高等学校における実践事例から

図4.3　月別来談者

学期以降は少なくなる。

（3）個人カウンセリングの事例

　ここでは，個人カウンセリングの典型例として，教員から持ち込まれた不登校の男子高校生の事例をみていくことにする。事例における個人を特定できないようにするために，カウンセリングのプロセスの理解を妨げない範囲で，具体的な情報については修正を加えてある。

　この事例をとおして，カウンセリングにおける共有体験の実際の動きを理解してみたい。

【事例：15歳，男子生徒A，高校1年生，不登校】
〈来談理由〉
　休み始めた最初の日に，父親が相談のため来校し，たまたま学級担任が不在だったため学年主任が対応した。その結果，学年主任の判断でカウンセリング室への相談を勧め，父親を同道して相談に訪れた。

第4章　基本的自尊感情を育む共有体験

〈家族歴〉
　会社員の父親と会社員の母親の元に生れた一人っ子。Aの話によると，父親はさっぱりとした気性で，父親の説明によると，母親は短気で家にじっとしていられないような性格とのことであった。
　東京都内で生まれ，小学校へ上がるまでそこで生活した。母親の短い産休のとき以外は近所に住む親類や祖母の家に預けられていることが多かった。中学校時代は東京の父母の元で過ごした。塾の友人たちともうまくいって，とても楽しそうに毎日を送っていたという。

〈入学後現在までの状況〉
　新入学後の4月，同級生に性格が気に入らないといわれ，暴力を受けたりした。さらに，翌日までに金を持って来い，などと脅されたりした。その翌日は学校を1日休み，親が学級担任に連絡し，その翌日には，学級担任，A，殴った生徒の三者で話し合い，一応解決した。その後，その生徒は直接には手を出さなくなったが，その仲間が嫌がらせをいったりすることが続いた。
　そうしたとき，ある授業で班ごとに分かれる学習の時間があり，Aとその生徒が同じ班になってしまった。Aはその班の班長に無理やり指名されてしまった。Aは，その翌日から学校へ行けなくなってしまったのである。

〈面接経過〉
①父親，学年主任来室（初回面接）
　「学校辞めたい。何もやっていないのに，なぜ僕だけが嫌がらせを受けなければいけないのか。登校途中で心臓がドキドキして，駅で倒れたこともある」などといっているという。（ほかに，4月にいじめられた一件や生育歴などを聴取する。）
　〈お父さんとは，信頼関係があるんですね？〉
　ええ，ただ時間がなくて。でも，母親とは駄目です。女房にも，物のいい方というものがあると思う。僕も納得できないところがある。学校だけの問題じゃない。母親にも問題がある。

〈お父さんとの共同戦線で，お母さんを打ち負かす必要があるのかもしれませんね。ともかく，お母さんが重要な位置を占めているようですね。〉

ええ，そう私も思います。

〈本人の話をじっくり聞きたいのですが。〉

本人も，ここへ来ようかと思ったことはあるようなんですが。どうせ答えは決まっている，頑張れとしかいわない，そういってました。

〈私は，彼の気持ちを理解したいと思うだけですので，私からの手紙を彼に渡してください。〉（"直接会って話しましょう。来室できないなら，家庭訪問もします"といった内容の手紙を父親に託す。）

② A より電話

今日，うちに来てください。学校に行けないので。（伯母も電話口に出る。）２，３日，こちらに泊まらせています。皆，困っています。

〈午後7時ころ，お宅へ伺います。〉

③ 家庭訪問

（父親，伯母が同席。伏し目がちな様子で話す。）なぜ自分がこんなふうにされるのか。わけがわからない，と繰り返す。

〈いじめっ子は，先生から怒られたうっ憤を，君にぶつけて心の安定を図っているのかもしれない。〉

それはわかるけど，なんで自分が。（と，繰り返す。）もう，ダメですよ。

〈ほかにも，君が傷ついてしまったことの裏側には，なにか隠れているものがあるかもしれない，と僕は思う。ゆっくりと，一緒に考えてみないか。〉

④ A 来室。

〈小学校時代，つらくなかった？〉

別に大したことなかったけど，何で自分だけ親と一緒にいられないんだろう，と思った。

〈親に対して，恨みとかは？　それに，遠慮もあるのでは？〉

恨みとかはないけど，悩みを打ち明けたり，相談したりはしたくない。母は余計なことをいったりするし，親戚中に電話したりする。父はさっぱりした性格で，頑張れとかいうだけですから。
〈誰か理解してくれる人がある人は，意外に強いものなんだよ。〉（うなずく。）

⑤ A来室
相手の気持ちを理解するようにしなければいけないのかなあ，と思った。でも，まだ理解できない。
〈クラス委員が心配して電話したりするようだけど，会ってみたら？〉
もう２，３日して気持ちを整理してからにします。

⑥父親より電話
昨夜，もう退学していい，ときつくいってやった。カウンセリングを受けてることで，学校へ行っているつもりになっているから。今朝，ボストンバッグを持たせて，学校にある荷物を取って来い，と追い出した。でも，まだ本人は決心はしていないようなので，お願いします。クラス委員にも，自然な形で会わせてやってくれませんか。
〈わかりました。〉

⑦父より電話
普段着と靴を持って出ている。
〈学校には来ませんでした。〉
伯母の家のポストに，「仕事を探しに出る」と書き置きがありました。
〈心配しなくてよいと思います。〉

⑧ A宅（父親）へ電話する
まだ帰らない。警察へ届けたほうがいいでしょうか。
〈その心配はいらない。でも，どうしても不安だったら届けてもよい。彼は

Ⅱ　カウンセリング事例にみる共有体験──高等学校における実践事例から

しっかりしたところもあるし，男の子ですから一晩くらい大丈夫ですよ。〉
　はい，わかりました。母親は，伯母の家へ行っています。

⑨Ａより電話
　〈今，どこ？〉
　家の近くの町です。もう，どうしていいかわからない。
　〈大丈夫だよ。何とかなるよ。〉
　何とかなりますか。
　〈なるなる。一緒に考えよう。ここへおいで。〉
　午後行きます。

⑩Ａ来室
　家出したんです。
　〈どうして？〉
　もう１週間休んでるので，そんなだったら学校辞めろ，仕事を探してやる，などと父親にいわれました。まだ解決してないのに，そんなこといわれて嫌になった。自分で仕事を探した。
　〈どんな仕事？〉
　ソバ屋の配達。仕事の後，夜になったら，タバコやシンナーを吸う人がいた。嫌になって出てきた。
　〈それで？〉
　中学のころ通っていた塾に行って，塾の先生に断ってそこに泊まった。今日になって，ここしか事情を話せるところがなかったので電話した。
　〈そうだったのか。ともかく無事でいることを電話しておこう。〉
　はい。先生お願いします。（電話する。母親は泣いている様子。）
　〈これからどうする？〉
　家に戻りたい。
　〈その後どうする？〉
　学校のほうがマシ。嫌だけど，戻りたい。

〈何か僕にできることは？〉
家に戻りたい。学校に行くことになった，とだけ伝えてください。
（Aが退出後，A宅へ電話する。）

⑪Aより電話
熱が38度あるので休みます。担任の先生にも伝えてください。（学級担任に伝える。）
〈明日から来るだろうと思う。〉
どう対処したらよい？
〈特に，何か聞き出そうとしたりせず，自然に声を掛ける程度でよいと思う。〉

⑫父親より電話
今日，遅れて行ったと思いますが……。
〈いや，休んでいます。〉
え……。ほかに原因があるような気がするので，聞いてみてくれませんか。
〈はい。それでは彼の嘘はばれていないことにしておきましょう。〉

⑬学級担任来室
今日，来ていないので家に電話したら，家は出たというのです。
〈そうですか。土曜の段階では，学校に来る気になったと思うのですが。いざというところで，抵抗があるんだと思う。〉
不登校は，こういうものなんですか。
〈いや，決まった形があるわけではない。彼の場合は，すでに一つの山は越したと思う。こちらにも，もうすぐ連絡があると思う。〉
連絡があったらお願いします。

⑭Aより電話
まだ熱があるので休んでいます。先生に話したいことがあるんですが。時間

Ⅱ　カウンセリング事例にみる共有体験——高等学校における実践事例から

がかかりますが。（予約する。）

⑮ A 来室
〈昨日は，どうした？〉
ここに来れないくらいの状態で。親が離婚するとかで。
〈どうしてだろう？〉
育てていく自信がない，と母がいって，田舎へ帰るという。月曜は，実はサボっていて，担任からの電話で親にばれて，いい争いを始めた。今日，母に担任に会って来いといわれた。
〈会って来なさい。〉（会いに，職員室へ行く。しばらくして戻る。）
積極的に来いといわれた。でも，黙ってた。
〈何が引っかかってるの？〉
離婚するかどうか，学校と関係ないけど……。
〈何で来れないの？〉
クラスで何かいわれるんじゃないかとか，恐怖心だと思う。
〈明日は来るように。僕にも誠意を示してくれ。〉
はい，絶対来ます。

⑯ A 来室
1校時の体育は出てきたけど，お前何しに来た，と例の人にいわれた。それに座席が変わっていて，その人のすぐ隣で，教室にいられる自信がない。暴力よりも，言葉で口でいわれることがイヤ。
〈お母さんは，口やかましく，ぼろくそにいうらしいね。〉
それは，違います。高校に受かったときも，ケーキで祝ってくれたし，口やかましいのは確かで，前は嫌だったけど，今は感謝している。そうじゃなければ，グレてた。
〈でも，今の状態も，ある意味でグレてるのと違わないのでは？〉
まあ，そうかもしれない……。
〈次の，1時間だけでも授業に出てみれば？〉

第4章　基本的自尊感情を育む共有体験

　はい。(しかし，結局置き手紙を置いて帰ってしまう。"あの教室へ行くのは，死刑場へ行くような苦しみです。嘘をついてすみません。")

⑰学級担任に会う
　〈やっぱり駄目だ，といって帰りました。母親と相談してくるそうです。〉
　1時間目は普通にやっていたそうなんだけど，ああなると病気だねえ。
　〈ええ，まあ。でも，諦(あきら)めずにもう少し様子をみてみましょう。〉
　お願いします。

⑱母親より電話
　私がキチキチっと育て過ぎたのか，と思えなくもない。私がノイローゼになりそう。あの子は病気なんじゃないでしょうか。治療を受けたほうがいいのではないでしょうか。
　〈お母さんは大変だと思いますが，お母さんがしっかりしていないといけません。学校のほうは，日数的にはまだ余裕があるし，病気の心配もありませんので，あまり性急にならずに温かく接してあげてください。お父さんは普通に勤めに出るようにしてください。〉
　はい，わかりました。

⑲A来室
　昨日はどうもすみませんでした。置き手紙が本当の心理なんです。(ニコニコして明るい。)(たまたまその場にあったあるクラスでの，長欠者の復帰歓迎会の様子を録音したテープを2人で聞く。)中学時代の友だちと会うと，みんな学校の自慢をする。うらやましい。この学校は7人受けたけど，今は自分1人になってしまった。
　〈次の時間は選択授業だから出てみたら？〉
　はい，出てみます。(放課後，どうってことなかったと報告。)
　〈お母さんに，月曜か火曜に来てくれるように話しといてくれるかな。〉
　はい。

⑳母と A 来室

（はじめの 30 分くらいは三人で話す。）

就職，退学という話になると，煮えきらず何を考えているのかわからない。

〈教室に入れるかどうかが，一つのポイントだと思う。〉

はい。

〈教室のイメージは？〉

みんなと話したり楽しい温かいところだと思う。入りたいけど入れてくれない。特定の人が邪魔する。

〈教室じゃなければいいのかな。例えば公園とか？〉

それならいい。皆との距離が遠いし。（ここで A を退室させる。学校の外に停めた父親の車で待つという。）

〈子どもの不登校と母子関係のあり方の関連ということが，いわれることがあるんですが。〉

そうなんです。中学に入ってから大切にしてやった。手をかけ過ぎたな，という感じです。

〈私はむしろ，逆の印象を持つのですが。彼は，無条件でお母さんに受け入れられたいと思っているのではないでしょうか。それには，まずお母さんが安定しなくては，と思うんですが。〉

そうなんです。一緒に悩んでしまって。

〈毎日でもいいですから，電話をください。状況をお聞きしますので。そうして，お母さんがしっかりして，彼の気持ちを理解して受け止めてやってください。〉

〈その後の経過〉

その後，数度の A との面接を続け，父親，母親とは電話連絡を通してサポートし，学年主任，学級担任との情報交換などを交えながら推移するなかで，次第に A の気持ちは安定していった。

結局，A 本人の意思を尊重し，1 学期修了をもって退学することとなった。8 月より，A 本人がみずから探してきたアルバイトを 12 月末まで続け，1 月

第4章　基本的自尊感情を育む共有体験

から高校再受験のための受験勉強を始めて，公立高校に入り直した。その後は，順調に通学を続けていった。

〈考察〉
①事例の展開と連携について
　本事例は，いじめをきっかけとして起こった不登校で，約2カ月の間に二十数回の面接を繰り返し，退学で終結したスクール・カウンセリングの事例である。学級担任，学年主任，両親をはじめとした家族とも連携を取りながら推移した，個人カウンセリングの一例である。
　学校内のカウンセリングでは，教員との連携は欠かすことができない。それは，日常の学校運営のレベルからインフォーマルなレベルまでの，気兼ねのないコミュニケーションがあってこそ成り立つものだといえよう。A高等学校での実践も，当初は生徒の自発来談によってスタートするケースが多かったが，職員室でのカウンセリングへの理解が深まるにつれて，教員から持ち込まれるケースが増える傾向にあった。本事例は，そうしたなかで教員側の理解と協力が得られた典型的な事例である。
②不登校事例の評価について
　不登校の場合，何を持ってカウンセリングの成果と評価するかは，議論が分かれるところであろう。本事例では，退学に至ったのであるが，A本人の気づきと自立が促進されたという点で，カウンセラーとしては一定の評価をしたいと考える。しかし，学校側，特に学級担任の立場に立ってみれば，退学は教育の敗北であるとみるかもしれない。こうした立場による見方のちがいをいかに擦り合わせていくかが，スクール・カウンセリングの難しい点の一つであろう。
　この場合大切なことは，やはり視点をどこに置くかということであろう。カウンセラーも教員も，ともに生徒の成長を願っている点では共通しているはずである。つまり，ポイントは生徒本位に立って考え，生徒がどう成長を果たしたのか，そうでないのかを知ることであろう。
　そうした視点に立てば，この事例では退学はしたが，その後Aは一念発起

して受験勉強を始め，結局他の高校で平穏な生活を送っていることからすれば，間違いなく成長を果たしたといえるのではないだろうか。
③共有体験と指示性・教育性について

　スクール・カウンセリング特有の側面の一つは，その指示性あるいは教育性にあるといえよう。本事例でも，カウンセラーはしばしば指示的な態度を取り，ある意味で教員のように振る舞っている。非指示的な立場のカウンセリングが一つの潮流としてあるなかで，こうした態度は異質なものととらえられるかもしれない。しかし，学校でのカウンセリングにおいては，クライエントである生徒にとっては，カウンセラーはやはりあくまでも学校の先生の一人として位置づけられよう。問題を共有し，寄り添い，ともに歩きつつも，要所要所で導き，あるいは指示を出すことが，学校内ではむしろ自然なことであると考えられるのである。

第 4 章　基本的自尊感情を育む共有体験

Ⅲ　基本的自尊感情を育む小学校での実践例

1　はじめに

　本節では，基本的自尊感情の醸成をめざして多年度にわたる教育実践が行われた，ある小学校の例をみていくことにしたい。この小学校では，2003 年度から学校としての研究主題を「いのちを大切にする子ども」として，全校挙げてその実践に取り組んでいる。また，2005 年度からは A 市教育委員会の研究指定を受け，筆者がかかわりを持つようになったのもその年からで，すでに丸 4 年が経過している。

　この A 小学校は，第 2 章・Ⅱで紹介した国際比較調査で，6 年生になっても自尊感情得点が低下しなかった G 小学校である。そこでも，この学校について簡単に触れたが，本節では，この学校の概要，教育の方針，そして具体的な授業実践の例を，詳細にみていくことにしたい。

2　学校の概要と教育の方針

　A 市立 A 小学校は，東京近郊の私鉄沿線の住宅街に位置する，2008 年度で児童数約 820 名の大規模校である。各学年 4 クラスで，校長以下 42 名の教職員で運営されている。創立は 1960 年代後半で，近隣の学校と統廃合を繰り返し一時は児童数が 1,000 名を超えた時期もあった。

　学校教育目標を「豊かな心をもち，意欲をもって学ぶ，心身ともにたくましい子どもの育成」として，具体目標を表 4.10 のように定めている。

　A 小学校の学校要覧によれば，そのめざす学校像は，①子どもが主体的に学ぶ「ひとみ輝く学校」，②創意工夫のある教育課程の編成・実施による「楽しい学校」，③自他の尊重を基礎に，ともに認め合い・高め合う「やさしい学校」，④家庭や地域社会の教育力と連携した「開かれた学校」，⑤子どもを伸ばす教育環境の整備と活用を図る「素敵な学校」であるとしている。

　こうした学校としての基本方針に基づき，A 市の研究指定を受けての研究仮説を，次の 3 項目としている。「直接体験や共有体験ができる活動を取り入

Ⅲ 基本的自尊感情を育む小学校での実践例

表 4.10　学校教育目標

具体目標	内　　容
思いやり	・基本的生活習慣を身につけ，実行する子ども ・自然や生き物を愛し，情操豊かで感動する心を持つ子ども ・いのちや人権を尊重し，正しく行動できる子ども
自ら学ぶ	・基礎的・基本的な知識や技術を身につけ，生かす子ども ・自ら考え，正しく判断し，豊かに表現できる子ども ・自ら学ぶ意欲を持ち，計画的で実践力のある子ども
元気な子	・目標を持ち，ねばり強く最後まで取り組む子ども ・運動の楽しさや喜びを知り，体力向上に励む子ども ・いのちの大切さを知り，安全な生活ができる子ども

(A 市立 A 小学校「平成 20 年度学校要覧」より抜粋)

れていけば，健全な自尊感情を育むことができるであろう。」「生命の科学的事実を学んでいけば，いのちの尊さに気づくであろう。」「自分のよさに気づけば，よりよく生きていこうとする態度が芽生えるだろう。」これらを要約すれば，科学的事実を通していのちの学習をするという「内容」と，五感を通して共有体験を取り入れて学習するという「方法」との二つの柱によっていのちの教育を明確にとらえているといえよう。

具体的には表 4.11 に示したように，各学年の発達段階に応じて，低学年，中学年，高学年といったくくりを基に，具体的なテーマを掲げて授業を構成している。次項では，いのちの学習に関する内容と方法を踏まえた展開事例を，1 年生の音楽，3 年生の総合的な学習の時間，そして 5 年生の道徳の授業を例に挙げてみていくことにする。

3　授業実践の例
(1) 1 年生・音楽

この授業では，担当教諭が掲げる音楽の学習の目標「きいて，うたって，う

第 4 章　基本的自尊感情を育む共有体験

表 4.11　「いのちの学習」各学年の活動内容

	1年	2年	3年	4年	5年	6年
発達段階に応じた活動内容	体験的な学習を多く取り入れ，いのちに触れてからだで感じる活動		自分の今の健康や体の仕組み・成長に目を向けていのちをつかむ活動		生き物のいのちの連続性や限りあるいのちを学び，自分の夢や希望に向かってどのように生きていくか，他者とのかかわり方を考える活動	
	・いのちに触れる ・いのちを感じる		・いのちをつかむ ・いのちを考える		・限りあるいのち ・他とのかかわり ・これからの生き方を考える	
いのちの誕生：いのちの誕生・つながり・神秘・温かさ	●	●			●	●
大切に育てられた自分	●	●				
自分で作る健康なからだ			●			
成長する自分：体の成長			●	●		
成長する自分：心の成長					●	●
周りの人と関わりながら生きている自分	●	●	●	●	●	●
周りに支えられ人の為に役立つ自分					●	●
限りあるいのち（老い，病気，事故，死）					●	●
夢や希望に向かって一所懸命に生きる自分				●	●	●

（A市立A小学校「平成18年度研究紀要：いのちを大切にする子ども」より）

ごいて，かんじて」を展開しながら，楽しい音楽活動を展開することをめざしているという（関，2007）。これらの目標をめざして音楽科の授業を組み立てるなかで，共有体験を盛り込み指導計画が立てられている。

　表 4.12 を見るとわかるように，各授業時間ごとに共有体験の場面を設定し

III 基本的自尊感情を育む小学校での実践例

表 4.12 題材の指導計画（10 時間扱い）

時数	主な学習内容	主な共有体験
	曲「こいぬのマーチ」	
1	曲の気分を感じる。	・音楽に合わせて4拍子のリズム打ちを班ごとに丸くなってする。 ・リズム伴奏を，向かい合い練習する。
2	拍の流れに合わせて階名唱や階名暗唱をできるようにする。	・教科書の階名の部分を，一人が指で指し示し，もう一人がそれを見て階名唱する。
3・4	指使いに気をつけながら，鍵盤ハーモニカで「こいぬのマーチ」を演奏できるようにする。	・友だちと指使いを確認し合いながら練習する。また，班で，演奏役と聴き役を作り，協力し合いながら練習を進める。 ・一台の鍵盤ハーモニカで，一人が息を入れ，もう一人が鍵盤部分を担当する。
5	木琴に親しみ，友だちと協力し合って演奏することができる。	・木琴に興味を持たせるため，ペアを作り，簡単な音のしりとりを交互に行う。（例：ドレミ→ミファソ→ソミド→ドミソ）
6	全体の音量バランスに気をつけて，歌ったり合奏したりする。	・4拍子の拍の流れにのって，合奏する。 ・どのパートも生かされるように，自分の出す音量に気を配って合奏する。
	曲「とんくるりん　ぱんくるりん」	
7	3拍子の曲の気分を感じ取る。	・3拍子のリズムに合わせた楽しい踊りを班ごとに考え発表する。
8	拍の流れに乗って，副次的な旋律を演奏する。	・いろいろな拍子のリズムを学習しながら，心を一つにして演奏できるようにする。
9	歌と副次的な旋律を合わせて楽しむ。	・歌と楽器を合わせる練習をする（六つのグループに分かれて練習する）。
10	拍の流れに乗って楽しく演奏できるようにする。	・互いに聴き合い，良いところを見つけ自分の演奏に取り入れるようにする。

（関直哉「音楽っていいな!!　だからいっしょにやりたいな」近藤卓（編著）『いのちの教育の理論と実践』金子書房，2007 より）

て，授業全体として意図的に基本的自尊感情の醸成をめざしていることがわかる。

　この一連の授業をとおしてみられた子どもたちの変化について，授業者は以下のように4点を挙げている。①友だちの音をしっかり聴く活動が増えたた

め，音の出し方や音量などに気を配る子どもが増えてきた。②友だちと一緒に楽器を演奏したり，歌を歌ったり，音楽に合わせて踊ったりするときに，呼吸やリズムを合わせようとする様子がよくみられるようになった。③踊りを考える学習の後では，ちょっとした時間を使って友だちと踊りの練習をし，楽しんでいる姿がみられた。④音楽の授業以外でもより親密になり，協力し合おうとする子どもが増えてきた。

　基本的自尊感情を育むために，共有体験を盛り込む授業の実践では，音楽や体育など身体感覚に直接働きかける教科が，より有効なのかもしれない。

(2) 3年生・総合的な学習の時間

　この授業（臼井，2007）では，自らの体に関心を持たせる体験を通じて，感動や驚きを共有することをめざしている。学校で実施したアンケートによれば，自分の体に興味を持っている子どもは42％と半数以下だとのことであるが，「身長が伸びた」「体重が増えた」「体力がついた」「ケガや病気をしなくなった」と感じている様子がうかがえるとのことである。また，「体が成長すること」「目・心臓・骨」などの仕組みや働きに興味のある子どもが40％程度いるとのことである。

　こうした現状を踏まえて，総合的な学習の時間において，「からだのふしぎ発見」という主題で30時間の活動計画を立てている。全体を①体は動いている，②いのちの始まり，③体は成長している，④健康な生活の4群に分けて，全体として命と体の不思議について授業を構成している。

　ここで紹介するのは，①のうちの1時間の学習活動である（表4.13）。その目標は，「自分なりの考えを持って，体の仕組みや働きに関心を持つことができる」と「体には体温を一定に保つ働きがあることに気づくことができる」の二つである。

　筆者自身も，当日現場でこの授業を参観したが，初夏の風のない暑い日の体育館で行われた授業は児童にとって過酷なものであった。そうしたなかで，子どもたちは体育館内を壁に沿って全力で何周も走り，事前事後の体温測定を模造紙上の体温計に記していった。その結果から，人の体の不思議が実感として

III 基本的自尊感情を育む小学校での実践例

表 4.13 授業の流れ

学習内容
・熱が出た経験を発表する。 　健康な時でも病気の時のように体温は上がるのだろうか ・本時の課題に対して予想する。 ・今日は運動する前とした後の体温を比べることを知る。 ・運動前の体温を測定する。 ・準備体操をする。 ・運動後の体温を測定する。
・結果を見て気づいたことを発表する。 ・まとめをする。

(臼井定重「いのちを大切にする子ども――自尊感情を育み，よりよく生きることを共に考える学習」近藤卓（編著）『いのちの教育の理論と実践』金子書房，2007 より抜粋)

理解されていったようであった。

　しかも，それが暑さと湿気の中で友だちとワイワイと走り回りながら得た，互いの体の不思議についての知識である点が重要である。こうした自らの体を使っての体験的な授業では，まさに体験の共有とともに感情の共有が起こり，子ども同士の貴重な共有体験となっていたと思われるからである。

　事実，つぶさにこれらの授業と子どもたちの様子を観察していた校長は，その後の子どもたちの変化を，次のように記している。「多くの子どもたちは以前にも増して自分の体に関心を持つようになりました。病気がちの子へ『大丈夫か』という子どもの声かけや，いたわりの言葉も聞かれるようになってきたからです。小さな変化ですが，大きな変容への一歩です。」（臼井，2007）

（3）5年生・道徳

　高学年の5年生を対象としたこの授業は，30年近い教職歴のある授業者が子どもたちに直接「いのちの大切さ」を伝えようと試みたものである（北川，2009）。

第 4 章　基本的自尊感情を育む共有体験

表 4.14　授業の流れ

学習活動と内容
1　本時の学習の導入をする。(若くして亡くなった歌手の例) 2　本時の課題をつかむ。 　　いのちを輝かせるとはどういうことだろう。 3　資料「死ねとシャイン」(近藤卓編著『いのちの教育』実業之日本社より) を読んで話し合う。 4　自分の周りのいのちを輝かせている人について話し合う。 5　本時の学習を振り返る。

(北川誠「学級担任によるいのちの教育」『現代のエスプリ：いのちの教育の考え方と実際』至文堂，2009 より構成)

「いのちをかがやかせる」と題して，授業者はまず若くして亡くなった歌手のエピソードから語り始めた。これは，この歌手の出身地が対象校の所在するＡ市だったからとのことで，死のテーマを身近に感じさせようとの工夫である。

そもそもこの授業を計画した動機は，相手を傷つけるかもしれない言葉を，日常の中で子どもたちが気軽に口にすることに不安を感じていたからであるという。例えば，「高学年の児童になると，いのちは大切であるとほぼ全員が答えるのだが，反面教室内のささいないさかいから，すぐ口に出る言葉が"お前なんか死ね"といった，いのちの軽さを表すトゲトゲした言葉づかいが平気で飛び交っている」(北川，2009) という。

そこで，こうした子どもたちにとって日常的な言葉に着目し，そうした何気ない言葉の大きな意味と力を確認させ，いのちのかけがえのなさに改めて気づかせたいと考えて，この授業が計画されたのである (表 4.14)。

授業実施前に，「道徳アンケート」として人を傷つけるかもしれない何気ない言葉の実態をとらえ，子どもたちにそのことを考えさせようとしている。「あなたは今までに友だちに『死ね』とか『おまえなんか死んでしまえ』などのように，言ったり言われたりしたことがありますか」という問いに対し，自由記述で子どもたちは赤裸々な事実を語っている。「けんかしたあと言ってし

まった」「抗議して言われた」「悪口言ったあと言ってしまった」などの言葉がそれである（北川，2009）。

こうした子どもたちの実体験を基にして，この授業を組み立てることで，まさに互いに本音を語り合いその気持ちを共有する経験ができたと考えられるのである。

4　まとめ

A小学校では，2004年度から独自に学校としての研究主題を「いのちを大切にする子ども」として，全校を挙げて取り組み始めた。2006年度からは，A市教育委員会の研究指定を受けて，さらに同テーマで研究を続け都合5年間に及ぶ実践に取り組んだ。その間，3名の校長が研究を引き継いでいったが，学校長自ら率先して全教職員をリードし研究と実践を継続させたことは特筆に値しよう。

また，その間多くの教職員の転出入もあったが，年度はじめに意思統一を図る研修の機会を持ち，年度を越えて研究・実践が連続的におこなわれていった。筆者はこの間，スーパーバイザーとして，継続的にA小学校に関わり続け，学校訪問の回数は年間5～10回に及んだ。学校訪問の目的は，まずは年度はじめの校内研修会での講義である。いのちの教育の考え方と，その展開方法について講義し，議論を重ねた。この議論によって，自尊感情についての考え方が鍛えられ，現場で通用する形に成長していったのだと実感している。

具体的には，当初はローゼンバーグの自尊感情尺度に基づいて考えていたが，それが2006年度の後半には健全な自尊感情と不健全な自尊感情という概念で語られ，やがて基本的自尊感情と社会的自尊感情へと発展していった。

机上で考えられた理論が一方通行で現場へ出て行って，その理論に基づいた調査結果を研究室に持ち帰って分析し考察するだけでは，こうした理論の発展はこれほど早く，かつ明確には実現できなかったのではないかと考えている。

分析結果を研究室から即座に現場に持ち出し，そこでの十分な議論によって現場の実態，つまり生き生きとした子どもたちの日常に当てはめてみて，はじめてその不十分さが浮き彫りになってくる。また，その際大事なことは，「十

分な議論」をするためには，時間をかけて培われる研究者と現場教員の信頼関係が必要不可欠だということである。

Ⅳ　日常生活での共有体験

　いのちの大切さがわかる子に育ってほしい，というのは親にとってとても自然な気持ちである。ただ，だからといって，「いのちは大切なのよ」と，いくら言葉で話して聞かせても，それは伝わらない。「いのち」という抽象的な概念は，子どもの心には響かないのである。

　「いのちは大切」ということの前に，「私は大切」と思えることが前提である。私は大切な存在で，親からも家族からも大切に思われていて，自分自身でも自分を大切にできて，「私は大切な存在」と心の底から信じきれること，それこそが人間が生きていく上での一番の基礎になる。私が大切だから，私のいのちは大切なのである。

　また，ある程度の年齢になれば，「いのちは大切」という知識は，どの子どもも持っていることであろう。しかし，大切なのは知識ではない。いのちを大切にする行動がとれるかどうかである。

　この節では，日常のなにげない場面での，子どもと親のさまざまな共有体験のエピソードを中心に紹介したいと思う。単なる知識ではなく，子どもが自ら判断して行動できる力は，こうした共有体験をとおして培われていくからである。

1　想像力を育む

　想像力を育むとは，どういうことであろうか。育むという言葉の意味を考えれば，すぐにわかることだが，芽は子どもの中にある。新たに何かを教えたりすることではない。中にあるものを育てればよいのである。

> 　あっちゃんはマンションに住んでいます。犬や猫は飼うことができませんでしたが，小さな生き物を育てることの好きな子でした。おばあちゃんの家の近くでメダカやザリガニやおたまじゃくしなどを採ってきては，大切に育てていました。

177

お母さんといっしょに，卵からおたまじゃくしになっていく様子をずっと見てきましたし，最近では小さな手足が生えてきたおたまじゃくしもいます。はじめは，小さな動くゴムの人形のように思えたおたまじゃくしが，自由に動き回るかわいさったらありません。あっちゃんは，特に気に入った一匹のおたまじゃくしに，「たまちゃん」と名前をつけてかわいがっていました。

　そんなふうに，育っていく様子を毎日観察しているうちに，おたまじゃくしの気持ちが伝わってくるようになっていました。生え始めたばかりの尻尾を振っている様子からは，おたまじゃくしのうれしい気持ちがはっきりと感じられました。やがて小さな手足が出てきて，それは気持ちよさそうに手足を動かしている様子などを見ていると，自分自身の身体がのびのびと心地よく動いているような気持ちがしてきます。そんなとき，お母さんとあっちゃんも，思わずグーッと伸びをして，見つめあって笑ってしまうのでした。

　その日も，いつものように水槽のなかで楽しげに泳いでいるおたまじゃくしを見ながら，あっちゃんは話しかけていました。すると，あっちゃんの呼びかけに応えるように，「たまちゃん」が水槽の真ん中を，スイーっと気持ちよさそうに泳いでいきました。あまりに勢いがよすぎたのでしょうか，スイーっと行って，水のなかに置いてあった石に頭のてっぺんをコツンとぶつけたように見えました。そして，あっちゃんがアッと息をのんだつぎの瞬間です。「たまちゃん」はふらふらとしながら，水面におなかを上にして浮かび上がりました。

　あっちゃんは，はじめなにがおこったのかわかりませんでした。さっきまで楽しげに泳いでいた「たまちゃん」が，今水面に白いおなかを出してちっちゃな手足を広げて，じっと浮かんでいます。ピクリとも動かなくなった「たまちゃん」を見つめているうちに，あっちゃんの瞳からは大粒の涙があふれ流れ落ちました。目の前が真っ暗になってしまうような，自分の人生が終わってしまうような，そんな深い闇をのぞいたようなつらい瞬間でした。

> 　そのとき，部屋に入ってきたお母さんは，あっちゃんの様子がおかしいことにすぐ気がつきました。そして，ただ黙って，あっちゃんを後ろからぎゅっと抱きしめてあげたのです。あっちゃんには，まだ暗い闇の底がチラリと見えていましたが，お母さんの身体の暖かさを背中いっぱいに感じて，「あー，私はあそこに落ちてはいかないんだわ」と思いました。

　生き物を育てることは，いのちの大切さを教えるために役立つといわれる。特に犬や猫などの動物は，抱きしめ合ったりじゃれ合ったりして，身体全体で生き物の存在が確かめられる。柔らかさや暖かさや匂いなどを実感することは，確かに他では得がたい体験である。

　ただ，生き物から学ぶことで，もう一つ大切なことがある。それはその生き物の気持ちを理解することである。動物はことばを話さないから，あくまでもそれは想像に過ぎない。しかも，その想像が大切なのである。

　生き物の様子を見て，「気持ちよさそうだな」とか「嬉しそうだな」と想像するのである。ときには，「苦しそうだ」とか「悲しそうだ」「痛そうだ」と想像する。本当のところはわからない。しかし，想像することが大切なのである。共感するといってもよいであろう。

　あっちゃんは，卵のころからおたまじゃくしの育っていく様子を，毎日見ていた。そして，いつの間にかおたまじゃくしの気持ちに共感できるようになっていたのであろう。しかし，それだけで想像したり共感したりすることができるようになるのであろうか。うれしさや喜び，悲しさや苦しさなどを想像する力は，もともと子どもの中に眠っている。ただ，それをうれしさや喜びとして理解するためには，身近なおとなが育んであげる必要がある。

　方法は簡単である。上の例のように母親が，子どもと一緒におたまじゃくしの様子を見て，その気持ちをことばにするのである。尻尾を振っていたら，「あら，楽しそうね」といってみよう。手足を動かしていたら，「とても気持ちよさそうだわ」といいながら，母親自身も手足を伸ばしてみよう。きっと横で子どもも，かわいい手足を伸ばすであろう。

　おたまじゃくしと子どもと母親で作られた三角形で，気持ちが通い合うので

ある。こうして，母親と子どもの間では感情が共有され，子どもの心にはおたまじゃくしへの想像力が育つのである。

2　味覚はとても大切なもの，でもそれだけでは

　味覚は五感のうちでも，一番大切な感覚である。生まれたばかりの乳児は，母親の乳房から栄養を取り入れて，いのちの基礎を作る。母乳の味をしっかりと覚えて，これが生きていく上で一番大切な味なのだ，ということを一生忘れない。ついでに，乳房の温かさや柔らかさそしてふくよかさも，人間にとってとても大切な宝物になる。味覚は，この世に生まれ出た人間が最初に手にする，最も確かな外界とのコミュニケーション手段なのである。

> 　いっちゃんは家族がそろってご飯を食べる，夕げのひと時が一番好きです。お父さんが帰ってくるのを待っているので，少しおなかが空き過ぎてしまいますし，一日遊んだ疲れで眠さも襲ってきます。それでも，みんなで楽しくお話をしながらの食卓が大好きです。一日の楽しかったできごとや，ちょっとつらかった思いに，お父さんとお母さんが耳を傾けてくれるからです。
> 　いっちゃんの家では，ご飯を食べるときには必ずテレビを消します。それは，ちょっとした事件があってからのことです。その事件というのは，こんなことでした。
> 　その日はいっちゃんがとても楽しみにしている，サッカーの国際試合の中継番組がありました。いつもなら，お父さんが帰ってきていっしょにご飯を食べてから，ゆっくりと番組の始まるのを待つのでした。
> 　でも，その日はたまたまお父さんの帰りが遅くなり，サッカーの時間とご飯の時間が重なってしまいました。いっちゃんが楽しみにしていた番組の時間なのを知っていましたから，その日はテレビを見ながらご飯を食べようと，お父さんが提案しました。お父さんには，帰りが遅くなったのを後ろめたく思う気持ちがありましたし，お父さん自身サッカーの試合が気になっていたのです。

> 　お母さんはその夕ご飯に，いっちゃんの大好物の，おいしいおかずを用意していました。そして，いつものように楽しい晩ご飯の時間が始まるはずでした。でも，いっちゃんはテレビが気にかかってしかたありません。上の空ではしを動かし，おかずを口に運んでいます。
> 　たしかに，お母さんのお得意の料理は，間違いなくおいしかったのでしょう。いっちゃんは，無意識のうちにその料理をつぎつぎと口に入れていきました。お父さんもお母さんも，少し驚いてその様子を見つめましたが，サッカーの行方も気になっていたので，すぐにテレビに目を戻してしまいました。
> 　少しくらいたくさん食べても，いっちゃんはおなかを壊したことはありません。それは，楽しくみんなで会話をしながらの食事だったからです。その晩は違いました。無意識のうちに口に運んだ量は，はるかに限界を超えたものでした。夜中に，おなかが痛くなって，その晩いっちゃんの家では大騒ぎになったのでした。

　味覚は，とても大切な感覚である。そして，ある意味では最も確かな感覚でもある。ある意味では，というのは味覚だけで独立した形では，確かな感覚とはいえないからである。視覚，聴覚や嗅覚，そして触覚が伴って，はじめて味覚は確かな感覚としての力が発揮できる。

　オリンピックで優勝した選手が，表彰台で金メダルに口づけしたり，歯を立てたりする光景を見たことがあるであろう。選手は，金メダルを目にして手に持っても，それが本当にあの夢にまで見た金メダルだということが信じられないのかもしれない。たしかに自分が金メダルを取ったと実感できるのは，それを口にしたときなのである。

　いっちゃんがおいしいご飯が食べられるためには，母親の作ってくれた食事をその目でまずしっかりと見る必要がある。そして，目の前の母親と父親の言葉に耳を傾ける必要があるのである。

　いのちを支える栄養価豊かな食事でも，視覚や聴覚や嗅覚が別のところへ向いていたのでは，いのちを傷つける毒にさえなってしまう。五感を総動員して

食事をするということは，いのちを大切にするということなのである。

3　テレビでもいのちの大切さを学べます

　子どもにテレビを見せることについて，見せ過ぎはいけないとか，一人で見せるのがいけないとか，さらには番組の内容をしっかりと選別しなければいけないとかいわれる。ある家庭での一こまから，そのことを考えてみよう。

> 　ある日，キッチンで夕食の支度をしながら，うっちゃんのお母さんはリビングの様子が，なんとなくいつもと違うような感じがしました。そっとのぞいてみると，いつものようにうっちゃんはテレビの前に座って画面を見つめています。
> 　なにも変わったことはないわと，夕食の支度へ戻ろうとしたときです。テレビから，いつものあの特徴あるアニメの主人公の声がしないことに，気づきました。何気なく画面に目を向けなおして，お母さんはハッとしました。それは鉄道事故を告げる，臨時ニュースの画面でした。脱線して衝突した電車の，無残につぶれた映像が大写しになっていたのです。
> 　お母さんは，思わず息をのみました。つぶれた車両から，次々と大怪我をした乗客が運び出されます。怪我をした人たちの苦しげな表情に引き寄せられるように，テレビに近づいていってうっちゃんの横に座りました。現場の状況を告げるアナウンサーの声も耳に入らないくらい，お母さんは画面に釘づけになってしまいました。怪我をした人のなかには，まだ十代と思われる若い人も少なくありません。
> 　お母さんは胸が苦しくなって，横に座ったうっちゃんを振り返りました。そして，その手をぎゅっと握りました。それまで画面を食い入るように見つめていたうっちゃんも，びくっとしてお母さんの顔を見つめました。見つめあった後，二人はまたテレビのアナウンサーの声にうながされるように，画面へと視線を戻しました。

　悲惨な事故や，風水害による被災地の様子，あるいはテロや戦闘の様子など

が，毎日のようにテレビ画面に映し出される。悲劇，悲しみや苦しみから，子どもを遠ざけておきたい，と思うのは親心として自然なことである。楽しいこと，優しい心，夢のあるお話だけを子どもに伝えたい。それが親の願いである。

しかし，現実には悲しみや苦しみの事実が子どもの前に，当たり前のように示される。テレビだけでなく，インターネットによって，生々しい映像や情報が，子どもたちの目の前に現れる。

では，どうすればよいのであろうか。先ほどの例をとおして，考えてみよう。ポイントは四つある。

第一のポイントは，うっちゃんがテレビに釘づけになっていた点である。詳しいことはわからなくても，子どもは人の生命にかかわることに，本能的に反応する。そして，そのことに強く興味が引かれる。画面が伝える映像やアナウンサーの緊迫した表情や声から，ただならぬ状況であることが伝わってくるのである。このことを，親はまずしっかりと理解する必要がある。子どもは，瞬間的に本能ですべてを感じ取っているのである。

あわててスイッチを切って，事実を隠そうとしてもダメである。そんなことをすれば，受けた衝撃を，心の底にいつまでも消えることのない黒いかたまりとして，残してしまうことになる。

第二のポイントは，母親が思わずテレビの様子に引き寄せられていったことである。母親の感覚も，事態が尋常でないことを本能的に感じ取っている。この，いわば動物的な感覚も，とても大切である。幼いころには誰でもが持っていた，豊かで繊細な感受性を，いつまでも大切にしたいものである。

第三のポイントは，いっしょにテレビを見たということである。私たちは五感をとおして，さまざまな情報を取り入れている。親子で，五感をとおしての共有体験をすることは，とても大切なことである。別のところで触れるが，キャンプや野外活動など，親子がさまざまな体験的な活動をすることには，大きな意味がある。それに対して，テレビという道具は，視覚と聴覚だけを頼りとして情報を伝える。ただ，それでも立派な共有体験である。匂いや，味わいや，手触りは感じられないが，見ることと聞くことによる共有体験であること

には違いない。
　第四のポイントは，最も大切である。それは，母親自身が感じたことを，「うっちゃんを見つめること」と「うっちゃんの手を握ること」で，伝えたことである。うっちゃんも，見つめ返した。こうして，二人はそのとき感じた思いを，共有したのである。こうした感情の共有が，とても重要である。体験をともにするだけでなく，そのとき感じたことを共有することができて，はじめて共有体験が大きな意味を持つようになる。

　子どもは，テレビで衝撃的な映像を見たその瞬間，がけの上で危ういぎりぎりのバランスを保っているような状態である。命が失われる瞬間に立ち会って，そのことをどう受け止めてよいのか，わからないで戸惑っている。自分の心の震えの意味が，わからないでいる。いのちはなによりも大切なものなのか，他人のいのちなどどうでもよいのか。どちらに転んでも，おかしくない危険な状態である。

　そんなときだからこそ，母親の思いが，とてつもなく大きな意味を持つのである。母親が感じた衝撃や，いのちの大切さへの思いが，極めて自然にしかも強い迫力をもって，子どもに伝えられるのである。そして，子どもの気持ちは，いのちはかけがえのない大切なものなのだ，という方向へ落ち着いていくのである。

　以上でみてきたように，親子でいっしょにテレビを見ることは大切なことである。テレビは身近にあって，体験と感情の共有のチャンスを与えてくれる，有用な道具である。もちろん弊害もたくさんある。しかし，現実的に排除することができないのであれば，それを役立つ道具として利用することを考えよう。

　いつもいっしょに見ることはできないと思う。ただ，いっしょに見るチャンスを，一日に一度は作ってほしいと思う。そして，そのとき感じたことを，親子で伝え合うのである。うっちゃんたちのように，ただ横に座って手を握り合って目を見つめ合うだけでも，気持ちは伝わる。ときには，感じたことや考えたことなど感想を語り合うのもよいであろう。ぜひ，そんなふうにテレビを活用していただきたい。

4　虫を殺してもいいの

　虫を殺して遊んでいるようにみえるので心配だ、という話を聞く。いのちの大切さを教えたいと思っているので、虫のいのちも大切にしたいと思うのであろう。子どもの気持ちを、どんなふうに理解したらよいのであろうか。ただ殺して楽しんでいるのであろうか。それとも。

> 　4年生のえっちゃんは昆虫が大好きです。カブトムシやクワガタは最高の宝物です。チョウやトンボも好きです。日曜日などは近くの公園や空き地で、友だちと一日中虫を追いかけて遊んでいます。
> 　そんなえっちゃんの様子に、お母さんは喜んでいました。元気に友だちと野外で遊ぶことは、お母さんの望みです。自然と親しむことで、いのちの大切さも身体で覚えてくれると思うからです。
> 　ところがある日、公園で遊んでいるえっちゃんたちの様子をなにげなく見ていたお母さんは、背筋が凍りつくような感覚を覚えました。公園の片隅にうずくまるようにして、えっちゃんたち三人の男の子が輪を作っています。その手元を見て、お母さんの胸はズキンと痛みました。雨上がりの地面にできた小さな水たまりに、カマキリが入れられています。
> 　小さな水たまりのように見えましたが、子どもたちが少し深く地面を掘っておいたのでしょう。苦しげにもがくカマキリの頭や身体が、ときどき水面から見えなくなってしまいます。飛び立って逃げることのできないように、すでに足や羽はもがれているのでしょう。ただ、苦しげにカマキリはもがき続けます。
> 　子どもたちは、カマキリを水たまりにおぼれさせていたのです。そして、おぼれて動きが鈍くなり死んでいくカマキリの様子を、瞬きもせず無言で見つめていたのでした。

　母親の驚きは、どれほどだったであろう。虫が好きで、楽しく遊んでいるとばかり思っていたえっちゃんが、実は残酷な秘密の遊びにふけっていたのを知ってしまったのだから。母親は、自分自身の体験として、そんなふうに虫を殺

すことなどなかった。人から聞いた話としては，たしかに子どもが虫を殺したりすることがあることを知ってはいた。

しかし，まさか自分の子どもが，しかも虫が人一倍好きなえっちゃんがそんなことをするなど，想像もしていなかった。

さて，えっちゃんはなぜ虫が好きなのであろう。えっちゃんが虫好きになった理由は，虫が動くことが不思議だったからなのである。しかも，卵から幼虫を経て成虫になる様子をずうっと観察していたえっちゃんは，動かない卵が変化してやがて動くようになることが不思議で，強く興味を引かれていた。

じつは，虫を殺すことは，その逆の道筋をたどることである。元気に動いていた虫が，どんなふうに次第に動かなくなって，やがてまったく動かなくなるのか，その過程を観察したかったのである。その過程に，強く興味を引かれたのである。

朝日が昇る様子には，誰もが強く引かれる。同じように，夕日の沈む様子も，私たちの心に強く響いてくるものがある。動かないものが動き出すこと，つまり卵がやがて成虫になっていくことは興味を引く。逆に，動いていたものが，やがて動かなくなり死んでしまうことにも，強い関心を持つのが自然なことである。

それが証拠に，えっちゃんたちはカマキリの動きが少しずつ鈍くなって，死んでいく様子を観察していたのである。友だちといっしょに，こうした体験をすることを，私たちおとなが心配する必要はない。何度か体験すれば，やがて彼らはそのことに興味を示さなくなるからである。4年生くらいからの子どもたちは，同性の仲間と一緒に遊んだり，さまざまな経験をする。同性だからこそわかったり，同性だからこそ通じ合える，そんな共有体験は人生の宝物になる。えっちゃんたちがしていたような秘密の遊びや儀式も，こうした友だちとの関係のなかで体験され，大切な意味を持つのである。

いずれにしても，母親としてはすぐに騒ぎ立てて，お説教をしたりしないようにしてほしい。静かに，このあとのえっちゃんの様子を，少し注意してみることが大切である。一人で秘密の遊びにふけったり，衝動的に虫を殺したりするようなことがあれば，なんらかの介入をする必要があるが，友だちとこうし

IV　日常生活での共有体験

た秘密の遊びを何回かしてやがて自然に別の遊びに移っていけば，心配は要らない。

　動いている時計を分解すると，一つひとつでは動くことのできない大小の歯車が転がり出てくる。その歯車たちを，元のとおりに組み立てなおすと，まるでいのちを吹き返したように，また規則正しく時を刻み始める。プラモデルを組み立てて，モーターで動かすのも同じ楽しみである。

　女の子が，お人形遊びをするのも同じことである。人形やぬいぐるみに彼女たちがいのちを吹き込んで，物語を作り出すのである。彼女が物語をやめたとき，人形は動きを止める。つまり，いのちを失う。いのちの誕生と喪失は，限りなく子どもたちを引きつけるのである。

5　人は死んだらどうなるの

　身近な死を体験することが，少なくなっているといわれる。たしかに日常生活の中で，同居して隣の部屋で闘病していた祖父母が亡くなる，といった体験は少なくなっているかもしれない。しかし，子どもにとってみれば，この場合同居しているかどうかはそれほど大きな意味を持たない。病院で亡くなっても，遠く離れた田舎で亡くなっても，大好きなおばあちゃんやおじいちゃんが亡くなることは，人生の中でとても大きなできごとなのである。

> 　おっくんの田舎のおばあちゃんが亡くなりました。おっくんは小学1年生です。5年生のお兄ちゃんと，お父さんお母さんとそろってお葬式に行きました。
>
> 　田んぼに囲まれたおばあちゃんの家の広いお座敷には，お布団に眠ったように横たわったおばあちゃんがいました。おっくんは，お母さんと並んでおばあちゃんの顔をのぞき込みました。いままでの見慣れた顔とずいぶん違って，小さく静かなおばあちゃんの顔がありました。おっくんには，おばあちゃんはただ眠っているだけのように見えました。ただ，お母さんやまわりにいる人たちの様子は，なんだかいつもと違うように感じられました。

第 4 章　基本的自尊感情を育む共有体験

　続いてお兄ちゃんのかっちゃんは，お父さんと並んでおばあちゃんの枕元へ行きました。かっちゃんは，3年前に亡くなったおじいちゃんと同じように，もう決しておばあちゃんは動かないし，やがて焼かれて骨になってしまうのだ，と胸の奥で考えました。そして二度とおばあちゃんは戻ってこないということも，かっちゃんは知っていました。寂しくて，とても悲しい気持ちがしました。隣にいるお父さんが涙を浮かべているのを見て，自然に涙が出てきました。

　お葬式が終わって家に帰ってから，おっくんはおばあちゃんのことを思い出しました。あの後，おばあちゃんはどうなったのでしょう。いまごろどうしているのかなあ。また畑のお仕事をしているのかなあ。

　そのことをお母さんに聞いてみました。お母さんは，少し驚いた様子でしたが，フーっとため息をつくと，優しい目になっておっくんにお話をしてくれました。

　「おばあちゃんはね，病気で死んでしまったのよ。」

　たしかに，おばあちゃんはまったく動きませんでした。おっくんも，人が死ぬということは知っていました。ただ知っているといっても，人が死んだら動かなくなるのだ，ということだけでした。

　「死んで動かなくなったら，その後どうなるの。」

　お母さんは，少しの間をおいてから，空を見上げるようにして語りかけました。

　「死んだら，お空に昇っていくの。そして，大好きなおっくんのことを，いつも見ていてくれるのよ。」

　おっくんは，それを聞いて，なんだかうれしくなりました。おばあちゃんは，どこかへ行ってしまったのではなくて，いつも僕を見ていてくれるのだと信じられたからです。

　人は死んだらどうなるのか，死とはどういうことかなどの疑問は，子どもにとって大きな問題である。これまでの研究でわかっているのは，死の概念は年齢とともに発達するということである。

おっくんくらいの年齢では，だいたい「死の不動性」（死んだら動かない）は理解できている。ただ，「死の不可逆性」（死んだら生き返らない）や，「死の不可避性」（死は誰にも避けられない）などは，まだ理解できていない。これら三つの概念が理解できるようになるのは，かっちゃんくらいの年齢になってからである。

だから，かっちゃんにとっては父親とともに涙を流して，祖母と別れをするということが，とても大きな意味を持っている。父親と悲しみの感情を共有して，自分だけの悲しみにしないことができたからである。

一方，おっくんはどうであろう。死の意味が十分わかっていない段階で，無理に説明することは避けたほうがよいと思う。それよりも，他愛のないウソ，夢のあるお話で，気持ちをやわらげてあげることが大切である。「お空からあなたを見ていてくださるのよ」といった話は，お葬式の雰囲気から得体の知れない不安を感じているおっくんを，勇気づけてくれる。

実際はいもしないサンタクロースの話で，幼い子どもをだますが，大きくなってから「だまされた！」といって親を恨む子どもはいない。むしろ，「よくぞだましてくれた」と，感謝するのではないであろうか。

得体の知れない死の不安に取りつかれている子どもは，夢のある話でしっかりと「だましてあげる」ことこそが大切なのである。

6　無条件の愛がほしい

「どんなときにも，どんなことをしても受け止めて！　私を，ぼくを無条件に愛して！」これが，子どもたちの真の，そして切なる願いである。私たちは，無条件に子どもを愛しているであろうか。そもそも，無条件の愛とは何であろうか。無条件の愛など存在するのであろうか。

> きーちゃんは小学校6年生です。クラスの人気者で，先生からも信頼されています。勉強もできるし，運動神経も抜群です。でも，学校から一歩出ると，少し違っていました。それは，塾や習い事のスケジュールがいっぱいで，遊んでいる時間がないからなのです。

塾が終わるのは夜の9時ですが，いつもお母さんが車で迎えに来てくれます。きーちゃんは，本当に忙しいのです。

　ただ，ときどきお母さんが用事で来られないことがあります。そんなときは，塾の友だちといっしょに，夜の街で少しだけ遊んでしまいます。ゲームセンターへ行ったり，コンビニでマンガの立ち読みをしたりするのです。それだけでも，きーちゃんにとってはとてもスリルのある，楽しいひとときでした。

　その日も，お母さんのお迎えがないことがわかっていたので，いつものように友だちとコンビニへ行きました。その日は，ちょうどマンガ週刊誌の発売日でした。きーちゃんは，まっしぐらにマンガのコーナーに走って行って，夢中でページをめくっていきました。

　しばらくして，友だちのことが気になったので，店の中を見回しました。友だちは，きーちゃんの後ろの棚のところで，なにか探している様子でした。マンガを棚に返して行ってみると，アニメのキャラクター入りのボールペンを何本も手にとって選んでいます。

　「これもいいな，でもこっちもほしいな」と，2本のどちらにも決められないで迷っています。「きーちゃんは，どっちがいい？」と聞かれて，思わずきーちゃんは1本のボールペンを指差しました。「そうか，よしじゃあ僕はこっちに決めた」といったと思うと，友だちはそれを自分のカバンにするりと入れて，もう1本をきーちゃんのカバンにポンと放りこんだのです。

　アッと小さな声をあげて驚いていると，友だちはいきなりドアへ向かって走り出しました。きーちゃんもつられるように，友だちの後を追いました。ドアを出たときです。大きな声で呼び止められて，強い力で襟首をつかまれてしまったのです。

　店の人は，最初からきーちゃんたちの様子が気になっていました。以前から二人でときどきやってきては，同じように万引きを繰り返しているように感じていたからです。ただ，だからといって，ずうっと監視していたわけではありませんし，逆に万引きをするのを黙って見ていたわけでもあ

> りません。
> 今日はたまたま，二人の子どもたちが，ボールペンをカバンに滑り込ませた瞬間を目撃したのでした。見逃すわけにはいきません。二人を事務室に連れて行き，それぞれの家庭に連絡をしました。
> きーちゃんの家からは，お父さんが飛んで来ました。お父さんは，きーちゃんの顔を見るなり，大きな声で「なんてことをしたんだ！」と怒鳴りつけました。いままで一度もそんなふうに怒られたことなどありません。いつも，ただニコニコしていたお父さんの顔が，見たこともない怪獣のように見えました。思わずぎゅっと目をつぶって，身を硬くして立ち尽くしてしまいました。
> きーちゃんには一瞬，なにが起こったかわかりませんでした。でも，なにかとんでもない間違いをしてしまったという思いだけは，心の底からわき出てきました。そして，これまで流したことのないほどの大きな大きな涙粒が，ぎゅっと閉じた目蓋(まぶた)から流れ落ちました。

　きーちゃんの家では，きーちゃんにとって必要だと思うものは，お父さんとお母さんが常に先回りをして買いそろえてきた。ボールペンだってもちろん不足することはない。それどころか，きーちゃんが望めば，小遣いだって小学生には十分すぎるほど与えてきたし，子ども部屋にはテレビもゲーム機もラジカセもコンピュータも，なんでもそろっている。父親も母親も，きーちゃんがコンビニでボールペンを万引きするなど，信じられないことだった。

　たしかに，きーちゃんがなぜ万引きをするようになったのかは，よくわからない。もう少し詳しく日常の家庭生活や学校生活などを，知る必要があるであろう。ここでは，別の視点からきーちゃんの心理を考えてみることにしたいと思う。

　両親は，きーちゃんを愛していたであろうか。間違いなく，心の底から本当に強く愛していたのだと思う。それはたしかに間違いないであろう。ただ，問題はきーちゃんがそれを感じとっていたかどうかである。きーちゃんは「僕は愛されている」と思っていたであろうか。そこが問題である。いくら親が愛し

第4章　基本的自尊感情を育む共有体験

ても，子どもがそれを感じとれなければ，その愛はないに等しい。

　親のいうことを聞くからよい子だ。よく勉強をするからよい子だ。そんなふうに，「〜をするからよい子だ」という条件付きのほめ方をしていることがないであろうか。条件付きの愛を与えている，といってもよいであろう。

　「〜をしたからよい子だ」というのは，間違っていないであろう。しかし，「〜をしたから」と「〜をするから」とでは，まったく意味が違う。子どもがしたこと，その結果を評価してほめる，というのは間違いではない。ところが，いつの間にかほめてもらいたくて，子どもが行動をするようになる場合がある。つまり，「〜をするから」ほめてほしいという条件付きの評価を子どもが求めるようになるのである。

　きーちゃんは，学校や塾の勉強に追いまくられ，息苦しい思いをしながら毎日を送っていた。「〜をするから，ほめて！」という悲痛な願いのもとで，条件付きの愛を確認することで，なんとか毎日を過ごしていたのである。

　親は無条件に愛しているつもりなのに，子どもはそれを条件付きの愛にしか感じられない。このギャップはどこから来るのであろうか。それは，現代の多くの家庭で「禁止」が欠如していることが原因であると考えられる。

　人の物を盗ること，人を傷つけること，人を殺すことは，無条件にしてはいけないことである。なぜしてはいけないのか，と説明するような事柄ではない。無条件にいけないのである。

　これと同じように，親の子どもへの愛は無条件である。なぜ愛するのか，と説明できるようなものではない。無条件に愛しているのである。ただ，それが子どもに伝わっているとは限らない。複雑な現代社会のしくみのなかで暮らす親子の間には，きーちゃんたち親子と同じように，さまざまな条件が絡んできてしまっているからである。

　こうした状況を打ち破る方法は，ただ一つである。「無条件の禁止」を，親が子どもにしっかりと示すことである。場合によっては，大きな声で怒鳴りつけたり，頬を張り飛ばすようなこともあるかもしれない。ダメなことはダメ，してはいけないことは，とにかくしてはいけないのである。それは言葉で説明して，合理的・論理的に理解させるようなことではない。説明なし，無条件に

ダメなのである。

　条件付きで説明しながらの禁止しか与えられていない子どもは，それと同じ程度にしか愛も感じられない。つまり，条件付きの愛しか感じとれないのである。親が無条件の100点満点の愛を与えていても，禁止をしなければ愛は少しも伝わらない。そこで，30の禁止をすれば，30の愛が感じられる。60の禁止をすれば，60の愛が見えてくるのである。せっかく100点満点の愛を与えているのである。100点の絶対的禁止をして，子どもに満点の愛を感じとってもらいたいと思う。

　コンビニで父親に思い切り怒鳴られたとき，きーちゃんの目の前に突然「無条件の愛」が現れたのである。それまで見えず，感じられなかったけれど存在していた愛が，現れたのである。父親は，思い切り怒鳴るというやり方で「無条件の禁止」を示したのだ。皮肉なことに，そのことでそれまできーちゃんには見えなかった「無条件の愛」が，しっかりと感じられたのである。

7　お母さんが怒った

　本気で怒ることは，とても大切である。「叱るときには感情的にならずに，きちんと説明してわからせましょう」などという声も聞こえてくる。そんなふうに，冷静に叱ることも，たしかに必要であろう。ただ一方で，本気で感情的に怒ることは，もっと必要である。叱るのでなく，怒るのである。怒りに震えて，涙を流して，本気で怒ってほしい。

> 「こーくん，いまなんていった！」
> 　夕食前のテーブルですべての動きが，ピタッと止まりました。お母さんが，突然怒ったのです。こーくんにはなにが起こったのかがわかりません。でも，お母さんが自分に向かって怒っていることだけはわかりました。
> 　どうして僕はお母さんに怒鳴られなければならないんだろう。もうこーくんの頭のなかは，真っ白になってしまいました。お母さんは，いつも優しくニコニコしていて，毎日とてもおいしい料理を作ってくれる。でも，

> いまのお母さんは違う。真っ赤な顔をして，目を吊り上げて，こわい鬼のような顔をしています。
> 　テーブルの向こうには，こーくんとお母さんを見比べるようにしている妹がいます。そうだ，二人で折り紙をしながら遊んでいたんだ。こーくんはそれほどうまくできないけれど，妹はとても上手です。今日も，妹がとてもきれいに，つぎつぎとたくさんの鶴を折っていました。こーくんも一生懸命折ったけれど，どうしても妹の鶴のようにきれいに羽がそろいません。二人はリビングのテーブル越しに身を乗り出して，夢中になって鶴を折っていました。
> 　もうご飯だから，そろそろ片付けなくちゃと思って，最後の一羽を折っていたとき，妹の伸ばした手が僕の手にぶつかった。そして，こーくんの鶴は羽が1枚曲がってしまったのです。こーくんは怒った。
> 「なにするんだよ。羽が曲がっちゃったじゃないか。」
> 「お兄ちゃんが，あんまりこっちのほうへ乗り出していたからよ。」
> 「うるさいな。ごちゃごちゃ言うなよ。お前なんか死んじゃえ。」
> 　お母さんが，怒った顔のままキッチンからこっちへやってきました。テーブルのところまでやってくると，ぐっと唇を結んで，こーくんをにらんでいます。こーくんはどうしてよいかわからないで，黙ってうつむいてしまいました。
> 「いま，あなたはさっちゃんに死ねっていったでしょ。どうして，そんなこというの。」
> 　うつむきながらお母さんの顔を見上げると，お母さんの目は潤んでいます。顔は怒っているけれど，潤んで悲しそうな目になっています。いまにも大粒の涙がお母さんの目から転がり落ちそうです。そう思ったとき，こーくんもなんだかすごく悲しくなってきて，涙が出てしまいました。

　友だちや兄弟姉妹に対して，子どもが「死ね」などと口にすることがある。もちろん，本当に死んでほしいと思っているわけではない。そもそも死がどのようなものかさえ，はっきりとわかっていないのかもしれないのである。

IV　日常生活での共有体験

　それでも「死ね」などとなぜいうのであろう。それは，死という言葉が持つ，不気味さや否定的な雰囲気，タブー性などに起因する「強さ」を感じとっているからである。そうした言葉を口にする子どもたちは，その言葉の持つ強烈さや衝撃力を利用しようとしているだけである。まわりの反応を確かめるようにして，糞便に関する言葉を口にする心理に似ているところもあるが，対応は根本的に違う必要がある。

　糞便に関する言葉を耳にしたら，落ち着いて叱ってわからせることができる。

　「そんなことをいうものではありません。」
　「その言葉は人にいってはいけません。」
　「お母さんはその言葉は好きではありません。」
などといって，なぜならばこれこれだから，と説明し説得するのである。

　でも，「死ね」という言葉に対しては，こーくんの母親のように，感情的に怒ってほしい。怒鳴って，涙を流して，思い切り感情的にお母さんの気持ちを伝えるべきである。絶対にいってはいけないことがある，ということを伝えてほしい。説明抜きに，「とにかく絶対にダメ」ということを伝えることである。

8　夕日が沈む

　大空に昇った太陽を見つめることは，めったに経験することではない。それは，普段のんびりとする時間が少ないからかもしれないが，そもそもあまりに強い明るさに私たちの目が耐えられないからであろう。大切なもの，好きなものでも，あまりにも大きな存在であったり力の強過ぎるものに対しては，無意識のうちに身体が拒否反応を示してしまうのかもしれない。

　すーちゃんはマンションの7階に住んでいます。マンションのまわりには，すーちゃんの視界をさえぎるものはなにもありません。南から西の方角には，遠くに電車の走っている様子が見えます。その向こうには高速道路の車も見えます。たぶん，そのもっと向こうには，すーちゃんの大好きな海が広がっているはずです。

> 　すーちゃんは毎日夕方になるとベランダに出て，その見えない海の向こうに沈んでいく夕日をながめるのが好きでした。よく晴れた日には，最後の最後まで夕日が沈んでいく様子が見えます。毎日毎日夕日の沈むのを見ていましたから，いまでは雲のある日でも，雲の向こうに夕日が沈んでいく様子が，はっきりとすーちゃんには感じられます。
>
> 　沈んでいく太陽は，だんだんと大きくなり，そしてどんどんと赤みを増していきます。空の真上ではあんなに真っ白に輝いていたのに，沈んでいく夕日はどうしてあんなに赤く，そして静かに語りかけてくるのでしょう。見渡す限りの空や雲も，夕日の色に染まります。そうです，すーちゃんには，夕日が静かに一日のできごとを語りかけてくるのが聞こえるのです。太陽自身が，どんなにこの一日を楽しく愉快に過ごしたのか。そして，空の上から地上の人間たちを見つめて，どんなことを考えたのか。そんないろいろなことを，夕日が独り言のようにすーちゃんに語りかけるのです。
>
> 　ときには，その日一日のことだけではなく，いままでにどんなに楽しいことがあったのか，そして苦しいことがあったのかを話します。もちろん，すーちゃんの家のまわりのことだけではなく，太陽が見てきた世界中の人たちの幸福や不幸や苦難を静かに語って聞かせてくれるのです。
>
> 　ちょっとつらいことがあった日には，夕日の語りかけてくれるお話に，すーちゃんは慰められることがあります。楽しいことがあったときには，すーちゃんは夕日に語りかけます。そして祈るのです。明日も素敵な一日でありますようにと。

　沈んでいく夕日に，すーちゃんはなぜ引きつけられるのであろうか。それは，ただ単純にその色彩の美しさに，引きつけられているだけかもしれない。たしかに，刻々と移り変わる夕焼けの空の美しさと，その壮大さには私たちを圧倒するような力がある。しかし，ただそれだけではないようにも思う。夕日は沈んでやがて海に隠れてしまうが，いつまでも私たちの心の中にその余韻を残す。

IV　日常生活での共有体験

　デジタル化されて，なんでもオンかオフか，1か0か，白か黒か，あるかないか，になってしまっている現代社会にあって，アナログの象徴ともいえるのが夕日なのかもしれない。私たちの暮らしは，かつてはすべてがアナログの世界に取り囲まれていた。なにごとにも，どこからどこまでと境界線が引けないような世界である。家の内と外でさえ，土間によってあいまいにされていた。人間関係も同じである。ウチの人とソトの人の区別もあいまいであった。

　いまは違う。ウチの人は両親と子どもの核家族だけである。他の人たちは，全部ソトの人である。鉄製の玄関ドアを境に，ウチとソトははっきりと区別される。夜，家の中で明かりをつければ昼のように明るく，消せば真っ暗闇となる。雨戸や遮光カーテンで，ソトからはかすかな月明かりさえ入ってこないからである。

　元来，子どもにとっては，あらゆることがらについて明確な境界線は存在しない。現実と物語が連続していたり，起きているときのことと夢に見たことが混ざりあったりする。理想と現実がつながっていたりするから，風呂敷を背負った瞬間にスーパーマンになれるのである。つまり，あることと別のことの境目があいまいなのだ。

　そう考えると，なににでも境目がはっきりとしている現代社会は，子どもにとってとても暮らしにくい環境である。そんななかで，子どもたちは「あいまいなもの」「あいまいな状態」に心ひかれる。すーちゃんが夕日を見つめていたのは，そういう意味だったのだと思う。

　すーちゃんの母親は，そのことがわかっていたから，外がすっかり暗くなって，すーちゃんが窓のそばから離れるまで，けっしてカーテンを閉めなかったし，部屋の明かりをつけなかった。すーちゃんが，沈んだ夕日の思い出を心の中にしまいきるまで，しっかりと待っていてあげたかったのである。

　夕方，まだ明るいうちに，カーテンを閉めないでいただきたい。すっかり暗くなってしまうまで，雨戸は開けておいていただきたい。生き生きとした昼間の生活が，沈む夕日とともに少しずつ夜の世界へと移り変わっていく，そのことを子どもたちは身体で学んでいるのだから。

9　金魚が死んだ

　いのちの大切さを学ぶことの基本は，親や身近な人々との五感をとおした共有体験にある。そして，目の前に生きている動物がいたり植物があったりすれば，そうした共有体験がより一層印象深いものになる。生き物たちは，子どもの目の前で，いのちの誕生から死までを，ありありと見せてくれるからである。

> 　たっくんは小学2年生です。いつも近所の友だちと，元気いっぱい遊んでいます。でも，このごろ家のことも気になっています。最近，お父さんとお母さんと一緒に，庭に小さな池を作ったからです。
> 　前からたっくんの家では，リビングの水槽で金魚を飼っていました。金魚に餌をやったり水槽の掃除をしたりするのは，たっくんの仕事でした。たっくんがしっかり面倒を見ているので，最近ではずいぶん金魚の数も増えてきました。いつも金魚の様子を見ていると，なんだか窮屈そうに感じられたので，庭に池を作ることをたっくんが提案したのでした。
> 　はじめたっくんが土を掘り始めましたが，深くなってきてからはお父さんがどんどん掘り進めました。お母さんとたっくんは，セメントを砂と水で溶いて準備をします。そんなふうにして，日曜日一日かけて，小さなセメントの池が庭にできたのです。
> 　何日かたって，セメントが乾いたので水を入れました。でも，すぐに金魚を放すわけにはいきません。金魚が安全に生きられるようになるまで，何度も何度も水を入れ替えなくてはならないのです。そんな仕事をすることが，たっくんは楽しくて楽しみで，家で遊ぶ時間がいつもより少しだけ多くなっていたのです。
> 　はじめてたくさんの金魚を池に放したときのことを，たっくんははっきりと思い出すことができます。そして，水草を入れたり，池の真ん中に大きな石を置いて金魚の隠れ家を作ったりしました。お母さんのまねをして，ゆで卵を嚙み砕いて，それをそっと水面に置きます。すうーっと小さな卵のかけらが沈んでいくのを見て，たくさんの金魚たちが集まってきま

> す。
> 　水槽のなかで窮屈そうにしていた金魚たちは，とても自由に楽しげに見えました。たっくんも，とても幸せでした。でもあるとき，1匹の金魚が死んでしまいました。大切に可愛がっていたので，とても悲しい気持ちがしましたが，お母さんと一緒に池の向こうの草むらの中に，金魚のお墓を作りました。

　飼っていた金魚が死んだらどうするかを，たくさんの人に聞いたことがある。多くの人の答えは，子どもと一緒にお墓を作って埋めるというものであった。金魚と子どもと母親の三角形ができて，そのとき子どもの悲しみはお母さんの悲しみと重なり，貴重な共有体験ができる。私は，多くの人の答えに安心した。

　しかし，何人かの人たちは，お墓を作ることはしないという。では，どうするというのであろう。ある人は，死んだばかりの金魚は新鮮な魚だから，猫に餌としてやるといった。食物連鎖にもなるし，猫も喜ぶというのである。一理あるようにも思うが，なんだかとてもさみしく悲しい思いがする。家族で可愛がり，喜ばせてくれていた金魚を，餌にしてしまうというのであるから。

　また，ある人は生ゴミに出すという。これも悲しい思いがする回答であった。たしかに，死んだ金魚は生の魚であるから，誰も食べないなら生ゴミかもしれない。しかし，あまりにさみしいと思うのである。

　極めつけは，死んだ金魚をトイレに流すというものであった。レバーの一ひねりで，さっと消えてしまう。新しい金魚を買ってきて，水槽に入れて一丁上がりというわけである。簡単で後腐れがなくてよい，というのがその方のお話であった。私はその話を聞いたとたん，背筋がぞっと寒くなった。まさに，リセット・スイッチの発想である。

　死んだ金魚の，その小さな身体を大切に手のひらに載せて，きれいな紙で包んで庭の片隅に埋葬する。子どもと母親は，相談したり語り合ったりしながら，そんなこまごましたことを淡々と進めていくのであろう。そして，少しずつ金魚との別れの作業が進んでいくのである。

第4章　基本的自尊感情を育む共有体験

　さっきまで元気に生きて泳いでいた可愛い金魚が，冷たく硬く小さくなってしまったこと。大切に埋葬したこと。お墓の前で，母親と一緒に手を合わせたこと。そうした作業を通して，少しずつ少しずつ子どもは金魚とお別れをしていくのである。

　生きているか死んでいるか，存在か無か，1か0か，オンかオフかではないのである。生きていたものが死んだあと，少しずつ段階を踏んでお別れをしていくことが大切なのである。そうすることで，子どもの心の中には，金魚の思い出が残り，金魚との暮らしで金魚から与えられたものが生き続けるのである。死とはそういうものであろう。

10　宇宙は果てしなく広い

　宇宙は果てしなく広く，時間の流れは永遠である。そんなふうに私たちおとなは，ごく自然に理解している。でも，そのことにはじめて気づく一瞬が，誰にでも子どものころにあったのではないだろうか。宇宙の果てしない広さと大きさに比べて，自分自身の小ささを思い知らされた，あの不安に満ちた一瞬を思い出せるだろうか。

　つんちゃんは小学5年生です。クラスではおとなしいほうです。ときどきみんなと一緒になって，ちょっとしたいたずらをしたりすることはありますが，あまり目立たないよい子といった感じです。

　でも，勉強は嫌いではありません。特に理科や算数の授業は，面白いと感じています。そして，小さいころから，模型の飛行機や船を作ったりすることが好きでした。遠くまで飛ぶように飛行機の羽根を工夫したり，速く走るように船の胴体の形を考えてみたりすることが楽しかったのです。

　ときには置時計を分解してまた組み立ててみたり，お父さんが大切にしている古いラジカセを解体してみたりすることもありました。動くものや精密な機械の仕組みがどうなっているのか，どうして動くのか不思議で興味があったのです。

　つんちゃんは，夜寝るときに一日の学校でのできごとを思い出してみる

IV 日常生活での共有体験

> ことがありました。友だちと遊んだことや，先生にしかられたことなど，楽しかったことやつらかったことなど，学校ではたくさんのできごとがあります。そして，いろいろと思い出したりしていると，いつの間にか眠ってしまうのでした。
>
> 　その日も，ベッドの中で一日のことを思い出していました。そのうち，理科の授業のことを思い出しました。もともと理科は好きな時間でしたが，その日の授業は特別に印象に残っていました。暗幕のカーテンを引いた理科室で，模型を使って先生が宇宙のお話をしてくれたからです。
>
> 　先生がいつも実験をして見せてくれる，教室の前の大きなテーブルの上に，その模型はありました。100ワットの明るい電球が太陽です。太陽から伸びた，1メートルくらいの腕木の先についているピンポン球が地球です。ピンポン球を太陽のまわりで回転させながら，先生は地球の自転と公転の説明をしました。
>
> 　すごいスピードで地球は自転しながら，しかも太陽のまわりを1年の周期で回っています。ぼくたち人間は，あのピンポン球に張りついている小さなチリのかけらみたいなものなのかもしれない。ぼくがいてもいなくても，地球は自転を続け，そして毎年毎年いつまでも永遠に太陽のまわりを回り続けるんだ。
>
> 　そんなふうに，宇宙の営みと自分の存在を比べながら考えているうちに，つんちゃんは一人ぼっちで，果てしない宇宙空間に放り出されてしまったように急に怖くなってしまいました。ベッドに乗ったまま，誰もいない漆黒の宇宙をさまよっているのです。なんとも言いようのない不安とさみしさ，そして悲しさと恐ろしさがつんちゃんを襲ってきたのでした。

　つんちゃんが感じたような感情を，多くのおとなはすっかり忘れてしまっている。普段の生活の中では「忘れたつもり」になっている，といったほうがよいかもしれないし，「忘れたことにしている」というべきかもしれない。

　こうした感情を引き起こす体験を，筆者は「いのちの体験」と呼んでいる。体験したときの年齢に違いはあるが，私たちは誰もが「いのちの体験」をして

いる。そして，そのことを実は忘れてはいないのである。

　つんちゃんは理科の授業がきっかけで「いのちの体験」をした。多くの子どもたちは，身近な死別体験をきっかけとしてその体験をする。祖父母との死別や，家で一緒に暮らしていた犬や猫との別れの悲しさとともにその体験をする。しかし一方で，つんちゃんのように本当に何気ないことがきっかけで「いのちの体験」をする子どももいる。

　祭りで買ってもらった風船がしぼんでしまったとか，大切にしていたマンガ本が見つからないとか，テレビのニュースやドラマやアニメなど，おとなたちが何気なく見過ごしてしまうようなできごとが，子どもにとって「いのちの体験」のきっかけになることがある。

　子どもが何か考えごとをしているようだとか，いつものような元気がないとか，物思いに沈んでいるなど，いつもと違う様子が感じられたら，それは「いのちの体験」している瞬間なのかもしれない。そっと気をつけて，見ていていただきたい。

　それまでの家での生活の中で，家族となんでも語りあえる関係ができていたり，家族とのさまざまな経験をしたりしている子なら，自分一人で自然に考えをストップして，けろっと忘れたように普段の生活に戻るかもしれない。また，特別に仲のよい友だちや仲間がいれば，そんなみんなとの交流の中で，一人で考えることを自然にやめるかもしれない。

　考えることをやめて普段の生活に戻ることを，私は「棚上げ」といっている。私たちおとなが自然にできる「棚上げ」も，子どもにとってはけっこうつらい作業なのである。さりげなく見つめて，そっと寄り添いたいものである。

（近藤卓「第1章日々のなにげない場面で」『「いのち」の大切さがわかる子に』PHP研究所，2005より）

〈文献〉

Bandura, A. (1977). Self-efficacy：Toward a Unifying Theory of Behavioral Chang. *Psychological Review*, 84(2), 191-215.

今井五郎「高等学校における学校教育相談の定着化に関する研究」トヨタ財団助成研究報告書，1982
上薗恒太郎「子どもの死における感情表出年齢と道徳教育」『長崎大学教育学部教育科学研究報告』**45**，1993
上薗恒太郎「子どもの死の意識と経験——長崎を中心とした調査研究」『長崎大学教育学部教育科学研究報告』**51**，1996
北川誠「学級担任によるいのちの教育」『現代のエスプリ：いのちの教育の考え方と実際』至文堂，2009
近藤卓『生活カウンセリング入門』大修館書店，1998
近藤卓「いのちの教育と総合的な学習の時間」『学校メンタルヘルス』**3**，2002 a
近藤卓『いのちを学ぶ・いのちを教える』大修館書店，2002 b
近藤卓（編）『いのちの教育——深めるはじめる授業の手引き』実業之日本社，2003
近藤卓（編著）『いのちの教育の理論と実践』金子書房，2007
黒沢稔「思春期の青年の生命観に関する研究」『東海大学健康科学部卒業論文』，1998
成田健一・下仲順子・中里克治・河合千恵子・佐藤眞一・長田由紀子「特性的自己効力感尺度の検討——生涯発達的利用の可能性を探る」『教育心理学研究』**43**，306-314，1995
Rosenberg, M. (1989). *Society and the Adolescent Self-Image*. Wesleyan.
関直哉「音楽っていいな!! だからいっしょにやりたいな」近藤卓（編著）『いのちの教育の理論と実践』69-74，金子書房，2007
曽我沙織・田中順子・鈴木洋子・近藤卓「『いのち』に関する短大生の意識——『いのちの教育』実践への予備調査」『学校メンタルヘルス』**4**，79-85，2001
高橋悦二郎「母子保健システムの充実に関する研究」昭和58年厚生省心身障害研究報告書，1983
東京都私立学校教育振興会「私立学校における学校教育相談（スクールカウンセリング）の普及に関する実態調査」1985
臼井定重「いのちを大切にする子ども——自尊感情を育み，よりよく生きることを共に考える学習」近藤卓（編著）『いのちの教育の理論と実践』125-131，金子書房，2007
山本真理子・松井豊・山成由紀子「認知された自己の諸側面の構造」『教育心理学研

第 4 章　基本的自尊感情を育む共有体験

究』30，64-68，1982

質問紙　翻訳版・1（英語）

SoBaSET-TR with daily life inventory
Social and Basic Self-Esteem Test-TR

- Your grade : ____grade　■ Your age : ____years old
- Your sex : ☐ male　☐ female

I　Please read each sentence, then check one of the columns that suits you most.

	4. strongly agree	3. agree	2. disagree	1. strongly disagree
1　I believe that most of my friends like me.				
2　I believe that Nature is very important for us.				
3　I believe that I am good at physical activities in general.				
4　I believe that I deserve being alive.				
5　I believe that it is wrong to tell a lie.				
6　I believe that I am not as smart as most other kids.				
7　I believe that I am not as good at physical activities as most other kids.				
8　I believe that we should apologize when having done things that are wrong.				
9　I feel that I am not a good person when having failed in something.				

参考資料

10 I feel that I should not be satisfied with the way that I am.				
11 I believe that we should always obey the rules.				
12 I feel that I have few friends.				
13 I believe that I have good points and bad points.				
14 I believe that discipline is important for kids.				
15 I believe that I am a better student than most other kids in my class.				
16 I feel useless at times.				
17 I believe that health is important.				
18 I feel happy to have been born into this world.				

II Please read each sentence, then check one of the columns that suits you most.

	4. very often	3. occasionally	2. rarely	1. (almost) never
1 I eat dinner together with my family.				
2 I go out with my family for shopping.				
3 I go out with my family for dinner.				

4 I talk with my teacher outside the class.				
5 I play with my friends after school.				
6 I play with my friends on weekends.				
7 I talk and chat with my family members.				
8 I enjoy playing outside the house more than inside the house.				
9 I have played outside the house with my family since I was very small.				
10 I talk and chat with my neighbors.				

参考資料

質問紙　翻訳版・2（日本語）
生活に関する調査

（　　　　　　　　）小学校　（　　）年生
性別　　1．男の子　　　2．女の子

問1．次の文章を読んで，当てはまるところに○をつけてください。

	4. 強くそう思う	3. そう思う	2. そう思わない	1. まったくそう思わない
1　自分はほとんどの友だちに好かれていると思う。				
2　私たちにとって自然はとても大切だ。				
3　自分は（一般的に）運動が得意だと思う。				
4　自分は生きていてよかったと思う（自分は生きている価値があると思う）。				
5　嘘をつくのは悪いことだと思う。				
6　自分は他の子たちと比べて頭が良くないと思う（他の子たちより頭が悪いと思う）。				
7　自分は他の子たちより運動が得意でないと思う。				
8　自分は悪いことをしたら（過ちを犯したら）謝るべきだと思う。				
9　自分はなにか失敗をしたときに駄目な人間だと思う（感じる）。				
10　今の自分で満足するべきでないと思う（満足するのはよくないと思う）。				

11　いつも規則（ルール）に従うべきだと思う。				
12　自分は友人が少ないと思う。				
13　自分は長所（よいところ）と欠点（悪いところ）があると思う。				
14　子どもにしつけは大切だと思う。				
15　自分はクラスで他の（ほとんどの）子たちよりもいい生徒だ（すぐれている）と思う。				
16　時々自分が役に立たない人間だと思う（感じる）。				
17　健康は大切だと思う。				
18　この世に生れてよかった（幸せだ）と思う。				

問２．次の文章を読んで，自分の気持ちに一番ぴったりする答えのところに○をつけてください。

	4.　とてもよくある	3.　時々ある	2.　あまりない	1.　（ほとんど）ない
1　家族と一緒に食事をする。				
2　家族と買い物をする（買い物に出かける）。				
3　家族と外食をする。				
4　授業以外で先生と話をする。				
5　放課後に友だちと遊ぶ。				
6　週末に友だちと遊ぶ。				

参考資料

7　家族と話す（話したりおしゃべりをしたりする）。				
8　家の中で遊ぶよりも外で遊ぶのが好きだ（楽しい）。				
9　小さいときから家族と家の外で遊ぶ。				
10　近所の人と話す（話したりおしゃべりをしたりする）。				

※この質問紙は翻訳の過程を見ていただくための参考資料です。現時点での日本語版の完成形の質問紙は68・69ページに掲載している問2です。

人名索引

あ行

赤井米吉　136
伊藤　篤　15
ウィリアム・ジェームズ（James,W.）
　　1
エリクソン（Erikson,E.H.）　25
　　122
小津安二郎　132
小原国芳　136

か行

カルホーン（Calhoun,L.G.）　37
川畑徹朗　16
北山　修　6　125
クーパースミス（Coopersmith,S.）
　　8　12　19　43

さ行

サルトル（Sartre,j.P.）　37
沢柳政太郎　136
サンダー（Sander,L.W.）　118
シェラー（Sherer,M）　143
シュタイナー（Steiner,R.）　137
スケイフ（Scaife,M.）　129
セリエ（Selye,H.）　35

た行

宅香菜子　37
チラー（Ziller,R.C.）　14
テデスキー（Tedeschi,R.G.）　37
テーラー（Taylor,S.E.）　25　28
ドゥウェック（Dweck,C.S.）　11
トレバーセン（Trevarthen,C.）　117

な行

中間玲子　15
中村春二　136
西山哲次　136
野口援太郎　136

は行

ハイダー（Heider,F.）　125
バークマン（Berkman,L.F.）　25
　　27
ハーター（Harter,S.）　8　17　43
羽仁もと子　136
バンデューラ（Bandura,A.）　21
　　39
ピアジェ（Piaget,J.）　26
ヒューイット（Hewitt,J.P.）　12
ブラウン（Brown,J.D.）　25　28
ブルナー（Brunere,J.S.）　129
ブレスロー（Breslow,L.）　25
フロイト（Freud,S.）　26
フロム（Fromm,E.）　25　29
ヘルムライヒ（Helmreich,R.）　8
　　14　20
ボウルビイ（Bowlby,J.）　125
ポープ（Pope,A.W.）　8　18　43
ホームズ（Holmes,T.H.）　36

211

人名索引

ま 行

マスロー（Maslow,A.H.）　25　28
モリス（Morris,D.）　119

や 行

山本眞理子　16

ら 行

リアリー（Leary,M.R.）　44
レイエ（Rahe,R.H.）　36
ロジャーズ（Rogers,C.R.）　23　25　30
ローゼンバーグ（Rosenberg,M.）　8　12　16　43　91　143

事項索引

あ

愛　14
愛情関係　21
愛情の制限　23
愛着　125
アサーション・トレーニング　137
アタッチメント　125
圧力　14　21　35
アナログ　197
アニメ　202
甘え欲求　31
アメリカ精神医学会　33
安全の欲求　28

い

意志の共有　117
「一歳人」性格　34
一緒にテレビ・デー　136
いのち　134　141
いのちの教育　134　141
いのちの体験　202
命の大切さ　135
いのちの大切さ　198
いのちの秘密　29
因果関係　150
インター・サブジェクティヴティ　118
インターネット　124　183

う・え・お

浮世絵　128
ウチ　197
運動　18
AO入試　138
SOSE（社会的自尊感情）　3　43　67
SOBA-SET　8　99
遠感覚刺激　130
OECD　137
横断的調査　151
怒る　193
オープン・スクール　137
オープン・スペース　137

か

階層関係　28
外的帰属様式　39
カウンセリング　21　121
カウンセリング活動　154
核家族化　141
学業　18
学習指導要領　137
学習領域　18
学力低下　137
家族領域　18
学級担任　153
学校　19
学校教育　11　153
喝采症候群　34
関係を作る　125

213

間主観性　118
感受性　183
感情の共有　113　116　117　184
感情や意志の共有　114
管理職　154

き

基本的自尊感情（BASE）　3　43　67
基本的信頼　14　25
基本的信頼感　21
逆転移　125
嗅覚　130
嗅覚刺激　130
教育相談　153
教育相談室　153
教育相談担当者　153
協応行動　117　118
教科担任　153
共感　113　179
共感感情　132
共作用的　117
共視　128
共視＝共同注視　6
教頭　153
共同注意　128
共同注意的かかわり　132
共同注意場面　132
共同注視　128　130
共有　113
共有機能　113
共有経験　114
共有経験尺度　114
共有体験　7　116
共有体験尺度　81
共有体験の種類や形態　106
共有不全経験　114
虚栄心　35

金魚の墓　114
均衡理論　125
近代化・都市化　141

く・け・こ

空間的共有　116
good enough　95　149
クライエント　22　121
欠乏欲求　28
原因帰属　39
原象徴的三角形　6　128
健全な自尊感情　175
原体験　133
限定的な愛　127
限定的な枠組み　127
攻撃的行為の制限　23
校長　153
行動評価　19
傲慢　34
五感　130
五感をとおしての共有体験　183
国際比較調査　95
個人カウンセリング　154
誇大自己　34
固着　34
コミュニケーション手段　180
コミュニケーションの障害　114
コンサルテーション　154

さ

サイド・バイ・サイド　125
三角形　179　199
三項関係　128　131

し

死　141
視覚　130

視覚刺激　130
視覚的共同注意　130
叱る　193
時間的共有　116
時間の制限　23
時間の使い方　126
自己愛性パーソナリティ障害　33
自己愛（ナルシズム）　33
自己意識　12
自己概念　142
自己肯定感　14　21
自己高揚的な認知　28
自己効力感　14　21　39
自己実現の欲求　28
自己主張　31
自己受容感　14　21
自己評価　19　21
自信　13
思春期　106
姿勢反響　119
自尊感情　1
自尊　13
自尊感情運動　Self-esteem Movement　89
自尊感情の低さ　2
自尊感情の二つの領域　3
自尊感情の揺れ　44
自尊感情の四つのパターン　3
自尊感情を育む　5
自尊心を支える根　44
嫉妬　34
指導助言　121
児童の村小学校　136
死の意識　141
死の概念　188
死の不可逆性　189
死の不可避性　189

死の不動性　189
自分自身　19
自閉症　114
死別体験　141　150　202
社会経済的指標　109
社会的学習理論　39
社会的行動評価目録　14　20
社会的自尊感情（SOSE）　3　43　67
社会的な評価　32
社会的ネットワーク　27
社会的能力　17
社会的比較　15
社会領域　18
自由学園　136
自由教育　136
joint attention　128
joint visual attention　130
生涯発達理論　25
条件付きの愛　192
賞賛　14　21　31　34
状態自尊感情　44
情緒的交流　128
情動の共有経験　118
所属の欲求　28
触覚　130
新学校　136
新教育　136
心身相関　114
身体的能力　17
身体領域　18
信頼関係　128
心理・社会的発達段階　25
心理臨床家　153

す・せ

随伴性自尊感情　44
スクール・カウンセラー　154

事項索引

スクール・カウンセリング　2　153
ストレス　35
ストレッサー　36
生活改善運動　136
生活習慣　27
成蹊実務学校　136
成功　1　34
成城小学校　136
精神療法　123
成長欲求　28
生命尊重　141
生理的な欲求　28
責任の制限　23
絶対的　13
セルフ・エスティーム　13
セルフ・エスティーム運動　11
全般領域　18

そ

総合的な学習の時間　137　172
相互作用ダンス　118
相互作用的行動　118
相互主体性　119
相互主体的な関係　119
想像　179
想像力　180
想像力を育む　177
相対的　13
相談活動　121
ソーシャル・スキル・トレーニング　137
ソト　197
尊敬の欲求　28

た・ち

体験から学ぶ　134
体験と意味の共有　114

大正デモクラシー　136
態度・行動の変容　123
第二次世界大戦　136
達成動機　11
棚上げ　202
玉川学園　136
知識の共有　116
中高一貫教育　137
聴覚　130
聴覚刺激　130
挑戦　14　37
直角法　125

つ・て・と

追跡的共同注意　132
DSM-Ⅳ-TR　33
TSBI　15
TSBI-A　20
TSBI-B　20
帝国小学校　136
デジタル　197
テレビ　183　202
転移　125
同感　113
東京物語　132
同情　113
同性の仲間　186
道徳　173
特性自尊感情　44
特性的な自己効力感　39
特性的自己効力感　143
閉じた関係　125
友だち　18
ともに見る　128
友の会　136
ドラマ　202

な・に・の

内集団　128
内的帰属様式　39
内的プロセス　21
内発的な動機づけ　38
内面化　124
仲間　19
七つの健康習慣　27
並ぶ関係　6　125
日常の共有体験　67
乳幼児期　6
ニュース　202
認知的能力　17
脳科学　130
ノーテレビ（ノーテレビゲーム）・デー　135

は・ひ

場所の限定　127
パーソナリティ　33
パーソナリティ障害　33
波長　135
バック・トランスレーション（back-translation）　96　99
発達障害　114
パラノイア（偏執病）　34
万能感　35
BASE（基本的自尊感情）　3　43　67
ビデオ撮影　131
開かれた関係　125
フィンランド　137
フェイス・トゥ・フェイス　125
フォローアップ調査　152
不健全な自尊感情　175
婦人之友　136
物理的共有　116
不登校　166
プライド　13　34　35
プレイセラピー　114
プレゼンテーション　137
分離機能　114

へ・ほ

very good　149
偏位尺度項目　67　81
ポジティブ・イリュージョン　28
ポジティブ・イリュージョン理論　25
ポスト・トラウマティック・グロウス（PTG）　37
微笑み返し遊び　118
本能的　183

み・む

味覚　130　180
身近な死　187
見つめられ欲求　31
明星学園　136
向き合う関係　6　125
虫のいのち　185
無条件の愛　21　24　127　189
無条件の禁止　21　25　192
無条件の絶対的な禁止　127

や・ゆ・よ

薬物療法　123
誘導的共同注意　132
要求　1
幼児生活団　136

ら・り・れ・ろ

来談者中心療法　30
ライフ・チェンジ・ユニット　36
ラポール　22

事項索引

リセット・スイッチ　199
両親　19
臨床心理士　153
レジリエンス（resilience）　37
ロール・プレイング　137

わ

枠の設定　126
ワーディング（言葉遣い）　95

● 著者紹介

近藤　卓
（こん　どう　　たく）

1948年生まれ。日本ウェルネススポーツ大学スポーツプロモーション学部教授。日本いのちの教育学会・理事長，日本学校メンタルヘルス学会・理事。専門は健康教育学，臨床心理学。臨床心理士，博士（学術）。高等学校の教諭を約10年間勤めた後，東京大学大学院教育学研究科博士課程満期退学。ロンドン大学精神医学教室研究員，東海大学教授，山陽学園大学教授を経て現職。その間，約35年間にわたって中学校・高等学校のスクールカウンセラーを務める。

主な著書：『誰も気づかなかった子育て心理学』金子書房　2020，『いじめからいのちを守る』金子書房　2018，『子どものこころのセーフティネット』少年写真新聞社　2016，『乳幼児期から育む自尊感情』エイデル研究所　2015，『基本的自尊感情を育てるいのちの教育』（編著）金子書房　2014，『子どもの自尊感情をどう育てるか』ほんの森出版　2013，『PTG 心的外傷後成長』（編著）金子書房　2012，『死んだ金魚をトイレに流すな』集英社　2009，『いのちの教育の理論と実践』（編著）金子書房　2007，『お父さんは，子どもを守れるか？』（共編著）日本文教出版　2007，『「いのち」の大切さがわかる子に』PHP研究所　2005，『パーソナリティと心理学』（編著）大修館書店　2004，『いのちの教育』（編著）実業之日本社　2003，『社会的ひきこもりへの援助』（共著）ほんの森出版　2002，『いのちを学ぶ・いのちを教える』大修館書店　2002，『生活カウンセリング入門』大修館書店　1998，『人間関係論』（共著）医学書院　1997．

自尊感情と共有体験の心理学──理論・測定・実践

2010年 3月31日　初版第1刷発行　　　　　　［検印省略］
2021年 1月25日　初版第7刷発行

著　者	近　藤　　卓
発行者	金　子　紀　子
発行所	株式会社 金　子　書　房

〒112-0012　東京都文京区大塚3－3－7
電　話　03（3941）0111〔代〕
ＦＡＸ　03（3941）0163
振　替　00180-9-103376
URL　https://www.kanekoshobo.co.jp

印　刷　新日本印刷株式会社
製　本　一色製本株式会社

Ⓒ Taku Kondo 2010
Printed in Japan
ISBN 978-4-7608-2629-2 C3011